KEY TO
EXERCISES IN FRENCH
SYNTAX

IN

A GRAMMAR OF
PRESENT-DAY FRENCH

BY

J. E. MANSION

HARRAP LONDON

NOTE

ALTERNATIVE renderings are enclosed between square brackets [ ], except when the sentence as a whole is repeated in an alternative form.

Words which may be omitted from the French renderings are enclosed between round brackets ( ).

First published in Great Britain 1926
by HARRAP LIMITED
19-23 Ludgate Hill, London EC4M 7PD

Reprinted: 1962; 1966; 1974; 1977; 1979; 1982

ISBN 0 245-52308-1

Printed in Great Britain by
Ashford Press, Shedfield, Southampton

KEY TO
EXERCISES IN FRENCH
SYNTAX

EXERCICES PRÉLIMINAIRES

1

(*a*) Mme de Castries était aimable, amusante, gaie, sérieuse, et fort bonne amie, polie, gracieuse, obligeante en général, sans aucune galanterie, mais délicate sur l'esprit où elle le trouvait à son gré.

(*b*) Ces messieurs étaient aimables, amusants, gais, sérieux, et fort bons amis, polis, gracieux, obligeants en général, sans aucune galanterie, mais délicats sur l'esprit où ils le trouvaient à leur gré.

(*c*) Je sais, mesdemoiselles, que vous êtes aimables, amusantes, gaies, sérieuses, et fort bonnes amies, polies, gracieuses, obligeantes en général, sans aucune galanterie, mais délicates sur l'esprit où vous le trouvez à votre gré.

2

(*a*) Quand ma haie fut terminée, je pus me reposer. Mais un jour je vis. . . . Je déchargeai . . .; à l'instant j'en vis. . . . Ces pillards allèrent. . . . Ils ne me perdirent pas de vue ; je m'éloignai ; ils descendirent. . . . J'en fus si irrité que je leur tirai. . . . J'en tuai trois et les attachai . . . ne revint . . .

(*b*) Quand notre haie a été terminée, nous avons pu nous reposer. Mais un jour nous avons vu. . . . Nous avons déchargé nos fusils sur eux ; à l'instant nous en avons vu s'élever. . . . Ces pillards sont allés. . . . Ils ne nous ont pas perdus de vue ; nous nous sommes éloignés ; ils sont descendus. . . . Nous en avons été si irrités que nous leur avons tiré un second coup de fusil. Nous en avons tué trois et les avons attachés . . . dès lors aucun de nos voleurs n'est venu s'attaquer à notre blé.

3

(*a*) Les enfants ne doivent pas désobéir à leur mère. Hier la mère de Jules et Henri, en partant au marché, leur a recommandé

sur toute chose de ne pas toucher aux allumettes. Sitôt qu'ils ont
été seuls, les imprudents enfants n'ont rièn eu de plus pressé que de
désobéir à leur mère. Ils ont craqué une, deux, trois allumettes.
Cela les a beaucoup amusés. Tout à coup, sans qu'ils s'en soient
aperçus [sans qu'ils s'en aperçussent], le feu s'est communiqué à
leurs vêtements. Fort heureusement pour eux leur père est rentré
à ce moment et les a empêchés d'être carbonisés.

(*b*) ... Un jour la mère de Juliette ... lui recommanda ...
sitôt qu'elle fut seule, l'imprudente enfant n'eut rien de plus
pressé. ... Elle craqua. ... Cela l'amusa beaucoup. Tout à coup,
sans qu'elle s'en aperçût, le feu se communiqua à ses vêtements.
Fort heureusement pour elle son père rentra à ce moment et
l'empêcha d'être carbonisée.

4

(*a*) ... les fermières arrivent ... ;   elles remisent ... et se
rendent ... ; elles s'installent aux places qui leur sont indiquées ;
elles déposent ... ; les unes s'asseyent, les autres restent debout.
Bientôt les ménagères viennent. ... Les conversations s'engagent,
les marchés se concluent. Celle-ci achète un poulet, cette autre
marchande. ... Vers midi la place se vide, et chacun s'en retourne
chez soi.

(*b*) C'était aujourd'hui jour de marché ... sont arrivées ... ont
remisé ... se sont rendues ... se sont installées ... qui leur ont
été [qui leur étaient] indiquées ... ont déposé ... se sont assises ...
sont restées ... sont venues ... se sont engagées ... se sont conclus
... a acheté ... a marchandé ... s'est vidée ... s'en est retourné
chez soi.

(*c*) Les jours de marché, de bon matin, les fermières arrivaient ...
remisaient ... se rendaient ... s'installaient ... qui leur étaient indiquées ... déposaient ... s'asseyaient ... restaient ... venaient
... s'engageaient ... se concluaient ... achetait ... marchandait
... se vidait ... s'en retournait chez soi.

5

LE COMMENCEMENT DES VACANCES

(*a*) Aujourd'hui nous partons en vacances. Nous nous levons
de bonne heure, et prenons bien vite notre café. ... Un taxi nous
mène à la gare, où nos prenons nos billets au guichet et faisons
enregistrer nos valises. Ensuite nous passons sur le quai et montons
dans un compartiment où nous nous installons commodément, avant

que le train se mette en marche. Pendant une partie du voyage nous lisons des journaux illustrés, et à midi nous nous rendons dans le wagon-restaurant, où nous faisons un excellent déjeuner. A quatre heures de l'après-midi nous changeons de train, et nous achevons notre voyage sur une petite ligne régionale. Nous arrivons à cinq heures au petit port de pêche où nous avons retenu une chambre [des chambres] à l'hôtel, et nous avons encore le temps de prendre un premier bain de mer avant de déballer nos affaires et de dîner.

(*b*) Hier je suis partie en vacances. Je me suis levée de bonne heure, et ai pris bien vite [et ai bien vite pris] mon café, car le départ est [était, a été] à huit heures. Un taxi m'a menée à la gare, où j'ai pris... et ai fait enregistrer... Ensuite je suis passée [j'ai passé] sur le quai et suis montée [et ai monté]... où je me suis installée commodément, avant que le train se mît [*fam.* se mette, § 396] en marche... j'ai lu... je me suis rendue... où j'ai fait... j'ai changé de train, et ai achevé.... Je suis arrivée... où j'avais retenu... et j'ai encore eu le temps....

(*c*) Demain Charles partira en vacances. Il se lèvera... et prendra bien vite son café, car le départ est [sera] à huit heures. Un taxi le mènera à la gare, où il prendra son billet au guichet et fera enregistrer sa valise. Ensuite il passera sur le quai et montera ... où il s'installera... il lira... il se rendra... où il fera... il changera de train, et il achèvera son voyage.... Il arrivera... où il a retenu... et il aura encore... déballer ses affaires...

6

... que je remplis... parce que je peux [puis]... je me hâte de dîner, pour me ménager... et je pars... dans la crainte que quelqu'un ne vienne s'emparer de moi avant que j'aie pu m'esquiver ; mais une fois que j'ai pu... je commence à respirer en me sentant sauvé, en me disant : " Me voilà maître de moi...." Je vais alors ... où rien n'annonce... où je puisse croire avoir pénétré le premier ... ne vienne s'interposer entre la nature et moi.

7

Tout ce qui se passait dans notre âme ne peut se concevoir ; nous nous sentions de nouveaux êtres. Échappées aux grandeurs... nous jouissions enfin de nous-mêmes. Nous nous demandions où nous étions, et par quel hasard nous nous trouvions ici [là] ; et sans

nous en douter, nous faisions . . . de notre vie. Nous nous aper-
cevions que, ne pouvant être heureuses . . . qui étaient [sont] en
notre pouvoir, et portées à la paresse du corps et de l'esprit, nous
agitions l'un . . . et nous dépensions l'autre . . . n'en valaient pas
la peine. . . . Nous nous imaginions que ce lieu-ci nous inspirerait
. . . il nous viendrait peut-être une pensée qui ferait du bien ou du
plaisir à quelqu'un.

8

J'ai d'abord été dépouillé de mes vêtements . . . on m'a revêtu . . .
que je suis tenu de répandre . . . qui m'attend. . . .
J'ai observé ensuite [J'ai ensuite observé] . . . je suis entré dans
l'église, et y ai passé. . . .
Le lendemain [Hier], mon premier acte a été la confession, après
laquelle le prêtre m'a donné . . . j'ai assisté . . . où je vais entrer. Le
sermon fini, je me suis avancé . . . à mon cou ; le prêtre l'a détachée,
l'a bénie, et me l'a remise au cou. Je suis allé alors m'agenouiller
. . . qui devait m'armer chevalier. Le seigneur s'est levé, est venu
à moi, et m'a donné l'accolade.

9

Plusieurs Français, obligés de fuir pendant la Terreur, achetèrent
des quelques deniers qui leur restaient une barque [des barques]
sur le Rhin, et s'y logèrent avec leurs femmes et leurs enfants . . .
il n'y avait point pour eux d'hospitalité. Quand on les chassait
d'un rivage, ils passaient à l'autre bord ; souvent poursuivis sur les
deux rives, ils étaient obligés. . . . Ils pêchaient pour nourrir leur
famille, mais les hommes leur disputaient. . . . La nuit ils allaient
cueillir . . . et leurs femmes demeuraient . . . jusqu'à leur retour.
Obligées de se faire sauvages . . . ces familles n'avaient pas . . . où
elles osassent mettre le pied : toute leur consolation était . . . sur
leur pays.

10

On a envoyé . . . une prisonnière inconnue, jeune. . . . Cette
prisonnière. . . . On avait ordre de la tuer si elle se découvrait. Elle
est restée dans l'île . . . est allé la prendre . . . et l'a conduite à la
Bastille, toujours masquée. Le marquis de Louvois est allé la voir
. . . et lui a parlé. . . . Cette inconnue a été menée à la Bastille, où
elle a été logée. . . . Elle est morte en 1703, et a été enterrée. . . .

11
Le Mangeur d'Opium (i)

Il lui semblait chaque nuit qu'elle descendait... se perdait...
l'effrayait moins ... elle croyait quelquefois avoir vécu ... elle
avait même ... de son enfance ... de ses premières années, re-
venaient ... ses songes, éveillée, elle n'aurait pu se les rappeler ; si
on les lui avait racontées le lendemain, elle les aurait cherchées
vainement dans sa mémoire, et elle aurait été portée à nier qu'elles
eussent (*fam.* aient, § 396) fait partie de sa propre expérience ; mais
placées devant elle comme elles l'étaient ... elle les reconnaissait
sur-le-champ.

12
Le Mangeur d'Opium (ii)

Il me semble que je suis couché, et que je m'éveille ... pour
relever mon oreiller, je sens... qui cède lorsque j'appuie dessus.
Alors je me penche hors de mon lit, et je regarde : c'est un cadavre
étendu à côté de moi.   Cependant je n'en suis ni effrayé ni même
étonné.   Je le prends dans mes bras et je l'emporte. ... Puis je
ferme la porte... et en emporte la clef, que je mets sous mon
oreiller.   Là-dessus je me rendors ; quelques moments après je
suis encore réveillé ; c'est par le bruit de ma porte qu'on ouvre, et
cette idée qu'on ouvre ma porte, quoique j'en aie la clef sous mon
oreiller, me fait un mal horrible.   Alors je vois entrer ... j'ai
trouvé par terre ; il arrive jusqu'à moi. ... Alors je me lève tout
à coup sur mon séant... ce qui dissipe l'apparition.   Un autre
rêve lui succède.   Il me semble que je suis assis ... au coin de mon
feu, et que je lis ... une glace est devant moi ... comme je lève
de temps en temps la tête, j'aperçois ... qui me poursuit, et qui se
penche sur moi ... que je tiens à la main.   Il a des cheveux gris
qui lui retombent sur les épaules, et je les sens qui m'effleurent le
cou et le visage.

13
Conseils de Minerve à Télémaque

Lorsque tu régneras, mets toute ta gloire ... écoute ... crois ...
garde-toi bien de te croire trop toi-même ; crains de te tromper,
mais ne crains jamais ... que tu as été trompé.   Considère ... de
ce que tu voudras entreprendre, et sache. ...

Fuis la mollesse . . . mets ta gloire . . . que tes vertus et tes bonnes actions . . . de ta personne et de ton palais . . . qui t'environne . . . apprenne de toi. . . . Surtout sois en garde contre ton humeur . . . que tu porteras partout avec toi . . . dans tes conseils, et te trahira si tu l'écoutes. Défie-toi de cet ennemi. Crains les dieux . . . te viendront. . . .

14

CODE DE L'ÉCLAIREUR

(a) 1. Les Éclaireurs disent toujours la vérité ; ils ne mentent jamais.
2. Ils tiennent leur parole d'honneur, comme d'honnêtes gens [des honnêtes gens].
3. Ils savent obéir, vite et joyeusement.
4. Les Éclaireurs sont courtois, généreux et vaillants ; ils défendent les faibles.
5. Ils font tous les jours une bonne action.
6. Ils sont bons pour les animaux.

(b) 1. Dis toujours la vérité, ne mens jamais.
2. Tiens ta parole d'honneur . . .
3. Sache obéir . . .
4. Sois courtois . . . défends les faibles.
5. Fais tous les jours une bonne action.
6. Sois bon pour les animaux.

(c) 1. L'Éclaireur doit toujours dire la vérité ; il ne doit jamais mentir.
2. Il doit tenir sa parole d'honneur . . .
3. Il doit savoir obéir . . .
4. L'Éclaireur doit être courtois . . . il doit défendre les faibles.
5. Il doit faire tous les jours une bonne action.
6. Il doit être bon pour les animaux.

(d) 1. Il faut que l'Éclaireur dise toujours la vérité ; il ne faut jamais qu'il mente.
2. Il faut qu'il tienne sa parole d'honneur . . .
3. Il faut qu'il sache obéir . . .
4. Il faut que l'Éclaireur soit courtois . . . il faut qu'il défende les faibles.
5. Il faut qu'il fasse tous les jours une bonne action.
6. Il faut qu'il soit bon pour les animaux.

15

Des nuages blancs passaient vite . . . emportés par le vent rapide, comme des oiseaux, et les maisons . . . se chauffaient au soleil. C'étaient de [des] petites demeures de pêcheurs . . . aux toits de chaume. Des jardins, larges comme un mouchoir [des mouchoirs], où poussaient des oignons . . . se carraient devant les portes. Des haies les séparaient du chemin. Les hommes étaient à la pêche, et les femmes, devant les portes, réparaient les mailles de grands filets bruns, tendus sur les murs ainsi que d'immenses toiles d'araignée. Des fillettes assises sur des chaises de paille raccommodaient du linge. D'autres gamines berçaient dans leurs bras des enfants tout petits, et des mioches de deux ou trois ans se roulaient dans la poussière. Les chats dormaient sur les fenêtres, et se réveillaient de temps en temps lorsque des mouches bourdonnaient à leur oreille.

16

CONSEILS À UN JEUNE HOMME

(a) Ils ignorent qu'ils écrivent à un pauvre homme . . . en état de leur répondre . . . d'établir avec eux la société qu'ils lui proposent. Ils m'honorent en pensant que je pourrais leur être utile, et ils sont louables du motif qui la leur fait désirer . . . qui leur soit moins nécessaire que de venir s'établir. . . . Ils n'ont pas besoin . . . qu'ils rentrent dans leur cœur, et ils les y trouveront ; et je ne pourrai rien leur dire à ce sujet que ne leur dise encore mieux leur conscience quand ils voudront la consulter. . . . Voilà les conseils que j'ai à leur donner ; peut-être ne seront-ils pas de leur goût, mais s'ils ne prennent pas le parti de les suivre, je suis sûr qu'ils s'en repentiront un jour.

(b) Il ignore qu'il écrit à de pauvres gens accablés de maux, et, de plus, fort occupés, qui ne sont guère en état de lui répondre, et qui le seraient encore moins d'établir avec lui la société qu'il leur propose. Il nous honore en pensant que nous pourrions lui être utiles, et il est louable du motif qui la lui fait désirer . . . qui lui soit moins nécessaire que de venir s'établir. . . . Il n'a pas besoin . . . qu'il rentre dans son cœur, et il les y trouvera ; et nous ne pourrons rien lui dire . . . que ne lui dise encore mieux sa conscience quand il voudra la consulter. . . . Voilà les conseils que nous avons à lui donner ; peut-être ne seront-ils pas de son goût, mais s'il ne prend pas le parti de les suivre, nous sommes sûrs qu'il s'en repentira un jour.

ÉTUDE DU VERBE

LA VOIX ACTIVE

17

1. ... as-tu battu ... 2. Il est allé chercher ... et a couru ... 3. Elle est entrée ... et a marché ... 4. Le cheval a galopé ... et est mort ... 5. Nous avons sauté ... il est arrivé ... 6. Il est devenu ... elle est venue ... 7. Nous avons volé ... où nous sommes restés ... 8. J'ai été bien triste quand elle est partie. 9. Ils ont accouru [sont accourus] dès qu'il m'ont aperçu(e). 10. Pourquoi êtes-vous descendue ... ?

11. Pourquoi n'a-t-on pas monté ... ? 12. On a sorti ... et on a attendu ... 13. Nous avons remonté ... 14. La neige a tombé [est tombée] ... 15. Elle a monté ... et elle est tombée ... 16. Il a tombé [est tombé] ... 17. Pourquoi n'êtes-vous pas montés [n'avez-vous pas monté] ... 18. Le thermomètre a monté ... 19. Son père lui est apparu ... 20. Nous avons parcouru ... mais nous n'avons pu les retrouver. 21 Il est retourné en Suisse, mais il n'est pas [n'a pas] passé par Paris.

*18

1. Through the mere fact that times are different, men have altered also. (Sont changés : present tense ; ont changé : perfect tense.)

2. The descent was effected without incident, and by six o'clock we were back at the hotel. (S'effectua : past historic ; étions rentrés : past descriptive.)

3. I was born in 1910. (Suis né : conversational past.)

4. I wasn't born when my parents came and settled in London. (N'étais pas né : past descriptive ; sont venus : conversational past.)

5. Is Margaret home yet ? — Yes, madam, she came home at three o'clock. (Est rentrée : present tense ; elle est rentrée : conversational past.)

6. The swallows have been here since Easter. (Sont arrivées : present tense, § 73.1.)

7. How much older your father looks ! — Yes, he has aged a great deal in the last two years. (Est vieilli : present tense ; a beaucoup vieilli : perfect tense.)

8. He has been dead these ten years. (Est mort : present tense.) He died ten years ago. (Est mort : conversational past.)

9. Mr (Smith) is in bed ; he went to bed before ten o'clock. (Est couché : present tense ; s'est couché : conversational past.)

10. I had been sitting on a bench since noon, and I felt frozen. (J'étais assis : descriptive past ; j'étais gelé : descriptive past.)

11. The master of the house was always out when I came to demand my money. (Était sorti : descriptive past ; venais : descriptive past.)

12. Mr (Smith) had gone out before the postman's arrival. (Était sorti : past perfect.)

LA VOIX PASSIVE

19

Les verbes suivants sont à la voix passive :

1. Fut annoncée. 4. Fut descendue. 7. Sont connus. 10. Furent dressées.

20

1. Le vannier tresse l'osier. 2. La brise du soir rafraîchit la température. 3. Montgolfier inventa les ballons [Ce fut Montgolfier qui inventa . . .]. 4. Une lumière trop vive fatigue les yeux. 5. On l'a beaucoup aimée et beaucoup haïe. 6. Quand on le releva il était mort. 7. L'homme a changé la face du monde. 8. L'homme de bien oublie vite les injures. 9. De hardis marins explorent les mers lointaines. 10. Une conduite exemplaire avait racheté ses fautes. Il avait racheté ses fautes par une conduite exemplaire. 11. Le propriétaire pourrait agréer la vente de ce morceau de terre. 12. J'étais parti depuis huit jours quand on apporta votre lettre. 13. Qui vous a loué cet appartement ? 14. Elle est toujours très bien habillée, mais on ne l'aime pas.

*21

Quand le bûcheron a abattu l'arbre à coups de cognée, on le débarrasse de ses branches ; on débite celles-ci en bûches régulières et on les entasse sur place en longues files, en attendant de les livrer au commerce pour le chauffage. Quant à la masse énorme du tronc, on la glisse ou on la tire, avec mille efforts, jusqu'au bord des chemins, et de là des chariots spéciaux la transportent jusque dans les scieries, où on la découpe en poutres.

*22

1. Pas de changement ; ' ouverte ' est un adjectif : ' open.'
2. On ouvrait la porte dès que je me présentais.
3. Pas de changement ; ' bénies,' ' bénis ' sont des adjectifs.
4. La Révolution a supprimé les privilèges de la noblesse.
5. Pas de changement ; l'action est accomplie ; on pourrait cependant mettre à l'actif : ' on a réparé le malheur.'
6. Quatre grands fleuves arrosent la France.
7. Pas de changement ; l'action était accomplie.
8. Le roi signa la lettre de sa main.
9. Pas de changement ; le sujet serait trop loin du verbe si l'on écrivait : ' Une île qui accroît les facilités de passage divise le fleuve.'
10. On doit juger les hommes sur leurs actions.
11. Pas de changement ; le sujet ' on ' ne convient pas à l'expression des faits historiques, et il serait impropre de dire : ' On a détruit l'ancienne société . . .'
12. Quand on ne connaît un fait que par un seul témoignage, on l'admet sans beaucoup d'hésitation ; les perplexités commencent lorsque (ce sont) deux ou plusieurs témoins (qui) rapportent les faits.

23

1. Le jour est annoncé par le chant du coq. 2. Les distances sont abrégées par la vapeur. 3. La plaine fut parcourue par les chasseurs. 4. L'orphelin est protégé par le tuteur. 5. Sa maison est entourée d'un petit jardin. 6. Les jeunes gens sont perdus par les mauvaises compagnies. 7. De grands progrès ont été faits par la science au vingtième siècle. 8. Par qui la note va-t-elle être payée ? 9. Il fut présenté à la cour par le roi lui-même. 10. J'ai été salué par un gamin. 11. Vous serez obéie, madame ; par qui seriez-vous désobéie ? 12. Les coupables furent pardonnés.

*24

1. Cette faute ne vous sera pas pardonnée. 2. Cette faute ne vous sera pas pardonnée par votre père. (Phrase lourde, et qui

n'est pas à imiter.)   3. Le passif ne convient pas.   4. Le cortège était précédé d'une foule de gamins.   5. Il fut accompagné jusqu'à la frontière par deux gendarmes.   6. Il est respecté de [par] tous ses élèves.   7. Nous fûmes assaillis par un épouvantable vent du nord.   8. Je fus assailli de doutes.   9. La vallée est suivie dans toute sa longueur par la route, au bord de laquelle courent les rails. 10. Pas de changement ; ' en passant ' se rapporte à ' gamin ' ; si l'on écrit : ' J'ai été salué en passant par un gamin,' ' en passant ' se rapportera à ' je ' (§ 114), ce qui changera le sens.   On pourrait cependant tourner par : ' J'ai été salué par un gamin qui passait.' 11. Le passif est impossible.   12. Pas de changement possible. Écrire ' Les hommes sont gouvernés par leurs vices . . .' changerait complètement le sens.

25

1. La porte fut ouverte aussitôt.   La porte s'ouvrit aussitôt. On ouvrit aussitôt la porte.

2. La porte fut ouverte par une petite fille.   Une petite fille ouvrit la porte.

3. Il est aimé de tous [de tout le monde].   Tout le monde l'aime.

4. Ces maisons sont bâties en six semaines.   Ces maisons se bâtissent en six semaines.   On bâtit ces maisons en six semaines.

5. La maison est déjà vendue.

6. Le maréchal Ney fut passé par les armes [fut fusillé] au point du jour.

7. L'incident est clos.

8. Il s'appelle John Smith.

9. A l'école on l'appelait " Puggy."

10. Cela ne se fait pas ici.   On ne fait pas cela ici.

26

1. On le vit entrer dans la maison.   2. On le fera travailler.   3. On lui donna la moitié de la somme [Il reçut la moitié . . .].   4. On le dit en France.   5. On envoya chercher [fit venir] le médecin, mais il était trop tard.   6. On me permit de lui parler.   7. On l'entendit pousser un cri.   8. On vous fera obéir.   9. On lui fit [posa] une question.   10. On le laissa languir [croupir] en prison.   11. On se moquera [On rira, On se rira] d'elle.   12. On le fit répondre [On le força à répondre].

*27

1. La proposition fut approuvée. On approuva la proposition.
2. Je n'aime pas qu'on me parle sur ce ton.   3. Toute jolie fille aime
[Toutes les jolies filles aiment] qu'on flirte avec elle[s]. 4. La
chambre était vide ; le lit n'avait pas été défait [on n'avait pas
couché, *or* dormi, dans le lit]. 5. La maison était [a été] habitée
il y a moins de cinquante ans. 6. On ne s'assied jamais sur ses
meilleures chaises. Ses meilleures chaises ne servent jamais.
7, 8. On ne fit pas [aucune] attention à mes paroles. 9. Une institutrice lui apprit [enseigna] le français. *Or* : Ce fut une institutrice qui.... *Or* : Ce fut d'une institutrice qu'il apprit....
10. Le motif [La raison] de leur action ne peut manquer d'être
compris[e]. *Or* : L'on ne peut manquer de comprendre....

11. Il est à prévoir que l'on pourra [On compte pouvoir] prendre
des mesures préventives. 12. On soupa très légèrement ce soir-là,
tellement les enfants avaient hâte de redescendre. 13. On m'épargna
[Cela m'a épargné] la peine d'écrire. 14. Johnny [Jeannot], si tu
ris encore, tu vas être mis [je vais te mettre] dans le coin. 15. On
refusa de m'entendre. 16. On lui refuse tout plaisir. On ne lui
permet aucune distraction. 17. Émilie fit des excuses, embrassa
Jean, et reçut la promesse d'une boîte de (crottes de) chocolat pour
le dimanche suivant. *Or* : Émilie fit des excuses et embrassa Jean,
qui lui promit une boîte.... 18. Il fut obligé [forcé] de quitter
l'école, et on lui trouva une situation dans la Compagnie du Gaz.
19. Il dit qu'on lui demande constamment [sans cesse] : " N'y
a-t-il [Est-ce qu'il n'y a] aucun moyen d'éviter la guerre ? " Il y a
dans ce pays des millions de gens [d'hommes] qui font la même
question. 20. L'on ne pouvait découvrir aucune trace des fugitifs.
21. C'est un adversaire avec qui il faut compter. 22. On a souvent
cité des passages de son discours. 23. Voilà trente ans que la
maison n'est plus habitée. 24. Je n'aime pas qu'on me dévisage
[à être dévisagé]. 25. On désespère de sa vie [de le sauver]. 26. On
parle beaucoup de cette pièce. 27. On a perdu cette question de
vue. Cette question a été perdue de vue.

LA VOIX PRONOMINALE

28

1. Réfléchi. Objet direct. 2. Simplement pronominal. Objet
direct. 3. Équivalent à la voix passive. Objet direct. 4. Réci-

proque. Objet direct. 5. Simplement pronominal (ou peut-être réfléchi). Objet direct. 6. Réfléchi. Objet direct. 7. Équivalent à la voix passive. Objet direct. 8. Réfléchi. Objet indirect. 9. Simplement pronominal. Objet direct. 10. Réfléchi (ou peut-être simplement pronominal). Objet direct. 11. Réciproque. Objet indirect. 12. Les deux verbes sont réfléchis. Objets directs. 13. Simplement pronominal. Objet direct. 14. Réciproque. Objet direct. 15. Simplement pronominal. Aucun grammairien ne nous a dit si ' me ' doit être considéré comme objet direct ou comme objet indirect. C'est pour éviter la question que l'on dit aujourd'hui que dans les verbes de ce genre le participe passé s'accorde avec le sujet (§ 449).

29

1. Les deux verbes sont réciproques. Objets directs. 2. Réfléchi. Objet indirect. 3. Équivalent à la voix passive. Objet direct. 4. Réfléchi. Objet direct. 5. Réfléchi. Objet indirect. 6. Réciproque. Objet direct. 7. Réciproque. Objet direct. 8. Équivalent à la voix passive. Objet direct. 9. Simplement pronominal. Objet direct. 10. Réfléchi (ou peut-être simplement pronominal). Objet direct. 11. Réfléchi (ou simplement pronominal). Objet indirect. 12. Réfléchi. Objet indirect. 13. Simplement pronominal. Objet direct. 14. Équivalent à la voix passive. Objet direct. 15. Réfléchi. Objet direct. 16. Simplement pronominal. Objet direct ? (§ 449).

*30

(Les lettres a, b, c, d correspondent respectivement à : (a) v. réfléchi, (b) v. réciproque, (c) v. simplement pronominal, (d) v. équivalent à la voix passive.)

1. Ils passent le temps à se jouer des tours (b). Vous vous jouez de moi (c). La partie se joue en quinze points (d).

2. Je peux dire sans me flatter que c'est moi qui ai tout fait (a). Ils se flattent l'un l'autre (b). Je me flatte de réussir (c).

3. Elles se saisirent par les cheveux (b). Pierre s'était saisi du jouet (c). Un hérisson ne se saisit pas comme un lapin (d).

4. Nous nous sommes passés dans la Mer Rouge (b). On se passait les lettres à mesure qu'on les avait lues (b). Je ne peux pas me passer de mon café (c). Cela ne se passera pas comme ça ! (c).

5. Servez-vous, monsieur (a). Vous servez-vous de l'encre ? (c). La tête de veau se sert à la vinaigrette (d).

6. A quoi vous occupez-vous ? (a).   Je m'occupe de votre affaire (c).

7. Je me demande ce qu'il fera (a).   Ce sont là des choses qui ne se demandent pas (d).

8. La journée s'annonce belle (a).   Les numéros gagnants s'annoncent dans les journaux (d).

9. Connais-toi toi-même (a).   Ils ne se connaissent pas (b).   Je ne m'y connais pas en peinture (c).

10. Je me suis adressé un paquet à mon domicile (a).   Adressez-vous à un agent de police (c).

11. Ils s'appelaient dans l'obscurité sans arriver à se retrouver (b). Je m'appelle Pierre (c).

12. Vous vous jugez trop sévèrement (a).   Une telle affaire ne se juge pas en cinq minutes (d).

13. Je me voyais dans une glace (a).   Ils s'entendaient, mais ne se voyaient pas (b).   Cela se voit bien que vous êtes fatigué (d).

14. Mettez-vous là (a).   Ils se mirent la main dans la main (b). Elle se mit à pleurer (c).   Ce vase ne se met pas là (d).

15. Je me porte bien (c).   Ces grands chapeaux ne se portent plus (d).

31

Les verbes suivants sont toujours pronominaux :

1. Se repentir.   3. Se souvenir.   4. Se méfier.   7. Se moquer. 8. S'emparer.   10. S'envoler.   11. S'affaisser, s'évanouir.   13. S'arroger.   14. S'enfuir.   16. S'éprendre.

*32

1. Il faut se défier de soi-même.   2. En agissant ainsi, il se nuit à lui-même.   3. Il faut s'entr'aider.   4. Ils se faisaient mutuellement pitié.   5. Ils se sont pardonné l'un à l'autre.   6. Ils se défiaient réciproquement.   7. Ils se partagent entre eux la recette de la journée.

*33

1. Levez-vous dès que vous vous éveillez.   2. Le [Ce] mystère s'explique facilement.   3. De quoi vous plaignez-vous ?   4. Si vous ne vous dépêchez pas, vous allez être [vous serez] en retard. 5. Comment vous portez-vous, monsieur ?   6. Ils se recontrèrent [se sont rencontrés] parmi la foule.   7. A quelle heure le soleil

se lève-t-il à la fin de mars ? 8. Vous servez-vous de cette plume ?
9. Tout le monde se mit à pleurer. 10. Ne vous retournez pas.
11. Marions-nous tout de suite. 12. A qui vous êtes-vous adressé
pour avoir mon adresse ? 13. Elle ne peut pas se passer de son
thé. 14. Il (leur) faut se soumettre ou se démettre. Il faut qu'ils
se soumettent ou qu'ils se démettent. 15. Je me promène souvent
dans le jardin. 16. Je crois [Je pense] qu'il se doute de quelque
chose. 17. Je me mets au travail à sept heures. 18. Vous pouvez
vous fier à lui. 19. Les historiens se copient les uns les autres.
20. Celui qui dit du mal d'autrui [des autres] se nuit à lui-même.

VERBES IMPERSONNELS

34

1. Il se fit un grand silence. 2. Il est venu des visiteurs. 3. Il
manque deux élèves. 4. Il pousse de l'herbe dans l'allée. 5. Il
s'ensuivit une querelle que tous ont regrettée depuis. 6. Il pourrait bien arriver un malheur. 7. En été il vient ici beaucoup
de touristes. 8. Il existe encore un descendant de cette famille.
9. Il tombait une pluie fine et froide. 10. Il pleuvait à verse.
11. Il fait très chaud. 12. Il tonne. 13. Il est tard. 14. Il y a
un mendiant à la porte. 15. Nous avions déjà deux visiteurs, et
il nous en arriva deux autres le lendemain.
16. Il serait difficile de faire mieux. 17. Il est honteux de calom-
nier. 18. Il me conviendrait parfaitement de passer l'hiver à Paris.
19. Il nous était défendu de sortir du jardin. 20. Il est vrai que je
n'en ai rien su. 21. Il est [a] passé deux régiments.

35

1. Il paraît que vous vous êtes beaucoup amusés. 2. Il s'agit
d'une affaire importante. 3. Il s'agit de mieux faire, cette fois.
4. Il importe de ne pas le manquer. 5. Il importe que vous fassiez
vite. 6. Il me répugne de m'associer à une pareille entreprise. 7. Il
faut nous hâter. 8. Il faut absolument que nous lui parlions. 9. Il
me faut une personne de confiance. 10. Il lui arrive parfois de se
tromper.

*36

1. Il fut fait comme il avait été dit. 2. Il m'a été rapporté que
vous fumez en cachette. 3. Il lui fut répondu qu'il n'y avait rien à

faire. 4. Il fut décidé qu'on irait déjeuner à la campagne. 5. Il est fait mention de cette coutume dans un ancien registre. 6. Il s'est passé quelque chose qu'il ne veut pas nous dire.

37

1. Il a neigé [Il neigeait] hier, et aujourd'hui il gèle. 2. Les obus pleuvaient sur les tranchées. 3. Sur les tranchées il pleuvait des obus. 4. Quelle heure est-il ? Il est trois heures. 5. Il fait beaucoup de vent aujourd'hui. 6. Il fait (un temps) très doux aujourd'hui. 7. Il y aura (un) bal après le concert. 8. Y a-t-il encore du café ? Oui, il y en a sur le buffet. 9. Il me faudra mille francs. 10. Il me vint une idée.

*38

1. Il paraît qu'il est pressé [qu'il a hâte] de partir. 2. Je ne sais pas ce qu'il y avait, mais il était facile de voir [de se rendre compte] qu'il était arrivé quelque chose. 3. Il n'est pas du tout difficile de passer la frontière. 4. Il était bien défendu de manger entre les repas. 5. Il ne lui convient pas [Il ne lui est pas commode] de rentrer à l'heure du déjeuner. 6. Il n'était pas en mon pouvoir de faire ouvrir les portes. 7. Il me répugne beaucoup [fort] de briguer des voix. 8. Il vous reste encore vingt francs. Il faut les garder. 9. Il est arrivé bien des choses depuis son départ. 10. Il était minuit passé.

Emploi des Temps

39

§ 72.1. Action accomplie entièrement à ce moment même :
　　　　1. L'éclair brille. 12. Qui éternue.

§ 72.2. État présent, action en train de s'accomplir :
　　　　2. Il fait chaud. 3. L'eau bout.

§ 72.3 (*a*) Fait toujours vrai :
　　　　4. L'eau bout.

§ 72.3 (*b*). Action habituelle :
　　　　5. Je me couche.

§ 73.1. Action commencée dans le passé, et qui dure encore :
　　　　6. Que nous sommes sans nouvelles.

§ 73.2. Présent employé pour le futur :

    7. J'appelle. 8. Il part.

§ 73.4. Présent employé pour le passé immédiat :

    9. Je rentre de l'étranger.

§ 73.5. Présent historique :

    10. Il entre mille hommes. 11. Traverse, surprend.

*40

1. Jean est en train de faire ses devoirs. 2. Je ne vois personne, mais j'entends bien quelque chose. 3. Je travaille à ce problème depuis deux heures. Voilà deux heures que je travaille à ce problème. 4. Si vous n'avez pas besoin de moi, je pars. 5. Une petite fille qui sort du couvent n'a pas (une) grande connaissance [expérience] du monde. 6. J'ai ces douleurs depuis que je suis ici. 7. Lucie vient à l'école pour la première fois. 8. Nous venons d'apprendre la nouvelle [Nous apprenons la nouvelle à l'instant], et (nous) venons vous féliciter de votre succès. 9. A ce moment un cavalier entre au galop, et tend au gouverneur la lettre contenant [qui contenait] la grâce du prisonnier. 10. Est-ce que ma chemise n'est pas prête ? Presque, on est en train de la repasser. 11. Tout cela est passé [fini] depuis longtemps [Il y a longtemps, Voilà longtemps, que tout cela est passé], et il est mort depuis quarante ans [et il y a, voilà, quarante ans qu'il est mort]. 12. Nos craintes [appréhensions] sont oubliées depuis longtemps. 13. Qu'est-ce que vous faites là ? — Je suis en train d'écrire une lettre [J'écris] à ma [la] tante Marie. 14. Samedi les membres et leurs amis dînent ensemble chez Frascati. 15. Cette pratique [coutume] est abolie depuis longtemps [Voilà longtemps que . . .].

41

Tu ne partis qu'après . . . tu ne te servis . . . de ton entreprise ; tu rendis . . . tu attaquas . . . tu fis suivre à ton armée . . . de sa flotte ; tu te servis . . . tu ne manquas point . . . que la victoire te donna tout, tu fis aussi tout pour te procurer la victoire. Dans le commencement de ton entreprise tu remis . . . quand la fortune te mit . . . la témérité fut quelquefois un de tes moyens. . . .

Après la bataille d'Issus, tu laissas fuir Darius et ne t'occupas qu'à affermir et à régler tes conquêtes ; après la bataille d'Arbelles, tu le suivis de si près que tu ne lui laissas aucune retraite dans son[1] empire. C'est ainsi que tu fis tes conquêtes ; mais tu ne laissas pas seulement ... tu leur laissas encore leurs lois civiles.

42

§ 76.1. Description dans le passé :
  1. Il faisait chaud. 2. Sa chambre était propre.
  6. Sa lettre annonçait.

§ 76.2. Action habituelle dans le passé :
  3. Je me couchais toujours. 12. Alexandrine entrait, demandait.

§ 76.4. Style indirect dans le passé :
  6. Qu'il partait. 7. Qu'il était.

§ 77.1. Action commencée dans un passé antérieur et qui durait encore à un moment donné du passé :
  4. Nous étions sans nouvelles.

§ 77.2. Passé descriptif au lieu du futur dans le passé après ' si ' :
  9. S'il obtenait une bourse.

§ 77.3. Passé descriptif employé pour un passé antérieur immédiat :
  8. Je rentrais de l'étranger.

§ 77.4. Passé descriptif employé au lieu du futur parfait dans le passé, pour donner de la vivacité au style :
  5. Et j'étais renversé.

§ 77.5. Passé descriptif employé pour le passé historique, comme effet de style :
  10. Joseph Béjart épousait. 11. Alexandre entrait, demandait.

43

MATINÉE DE FÊTE

Des drapeaux tricolores pendaient ... étaient pleins ... qu'il faisait ... paraissaient plus blancs ... miroitaient ... et relevaient ... Les fermières des environs retiraient ... qui leur serrait ... gardaient par-dessus ... dont ils tenaient. ... La foule arrivait. ... Il s'en dégorgeait ... et l'on entendait ... qui sortaient pour aller voir la fête.

[1] Or ' dans ton empire ' ? The meaning is probably ' in Darius's own empire.'

44

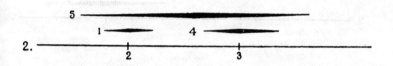

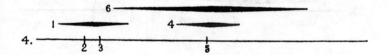

Deux ans plus tard

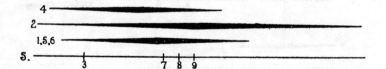

45

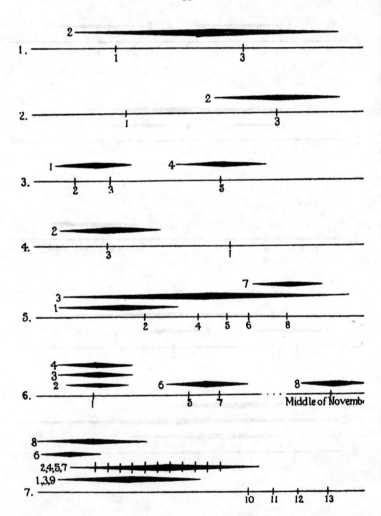

*46

1. Le 9 octobre un combat eut lieu [fut livré] entre Saalburg et Schleiz, où se trouvait une vaste forêt, et les Prussiens furent forcés [obligés] de céder (le terrain) après une résistance prolongée [après une longue résistance].

2. Un combat beaucoup plus important fut livré près de Saalfeld, dans lequel [au cours duquel] le jeune prince, qui n'avait que trente-trois ans, perdit la vie.

3. L'infanterie qu'il commandait tomba dans le désordre et ne tarda pas à se débander. Il ne restait plus maintenant au prince que cinq escadrons de cavalerie, et il résolut de mourir plutôt que de se rendre.

4. La campagne fut vite décidée. Pendant [Tandis] que l'Empereur enserrait [cernait] les forces alliées concentrées près de Weimar, un mouvement des plus stupides [imprudents] fut décidé.

5. Napoléon espérait transporter ses troupes en Angleterre dans de petites embarcations [des vaisseaux de faible tonnage] sans se servir de [sans faire appel à] sa flotte navale proprement dite. Plus tard il reconnut [se rendit compte] qu'une descente [traversée] heureuse était impossible sans la protection des vaisseaux de ligne. Mais il ne se contenta pas de préparatifs pour la campagne d'Angleterre [la descente en Angleterre] ; il s'empara des villes de Brême et de Hambourg, et ferma l'Elbe et le Wéser au commerce anglais. En Italie, les ports de Tarente et de Livourne, avec lesquels les négociants anglais faisaient un grand commerce [beaucoup d'affaires], furent également occupés.

6. Napoléon s'occupa ensuite des Russes, qui entraient en campagne en faveur de leurs alliés. Il était de la plus haute importance de les gagner de vitesse, car l'ennemi attendait sous peu du renfort. Il ne se fit donc aucun scrupule de faire passer une partie des troupes françaises sous Bernadotte à travers le territoire neutre de la Prusse. C'était injustifiable, mais Napoléon ne fit pas d'excuses [ne s'en excusa pas], et dès le milieu de novembre il était dans [à] Vienne.

7. Ned était le facteur du village [le facteur rural]. Tous les jours il faisait sa ronde [sa tournée] sur sa bicyclette, accompagné de son chien Toffee, qui était aussi connu que Ned lui-même. Il trottait derrière la bicyclette, et attendait aux grilles des jardins pendant que son maître distribuait les lettres [faisait la distribution des lettres]. Il n'aboyait jamais, et n'avait pas le temps de se battre avec les chiens du commun. Ned demeurait chez sa mère. Lorsque

la guerre éclata, il dit adieu à sa mère et à Toffee, et se présenta au bureau de recrutement. Il fut dirigé sur York par (le) chemin de fer.

47

... nous atteignîmes ... je pris ... et m'avançai ... où j'aperçus une enseigne. Je demandai ... le domestique me toisa ... et me conduisit au grenier. Il était encore de bonne heure ; j'ouvris ... je pris ... je me dirigeai ... sur qui reposaient ... qui ornaient sa porte, j'essuyai ... j'arrangeai ma cravate, et je tirai le cordon. ... La porte s'ouvrit, je subis ... le concierge m'annonça ; j'eus l'honneur ... où M. John se promenait. ... Je le reconnus ... il me reçut très bien, comme un riche reçoit un pauvre diable, et prit la lettre que je lui présentais. Puis il offrit. ... Les autres personnes le suivirent. La société était fort gaie, on riait et on plaisantait. J'emboîtai le pas ... et personne ne fit plus attention à moi.

48

Je demandai à souper dès que je fus dans l'hôtellerie. C'était un jour maigre : on m'accommoda des œufs. Pendant qu'on me les apprêtait, je liai conversation. ... Lorsque l'omelette qu'on me faisait fut en état d'être servie, je m'assis. ... Je n'avais pas encore mangé ... que l'hôte entra suivi de l'homme qui l'avait arrêté. ... Ce cavalier portait une longue rapière, et pouvait bien avoir trente ans. Il s'approcha. ... " Seigneur écolier, me dit-il, je viens d'apprendre que vous êtes ..." et il me jeta les bras autour du cou. Mon admirateur me parut ... et je l'invitai. ... Il me dit qu'il n'avait pas ... mais qu'il allait se mettre ... et il s'assit. ... On lui apporta. ... Il se jeta ... qu'il semblait ... dont il s'y prenait, je vis bien qu'elle serait bientôt expédiée. J'en commandai une seconde, qui fut faite si promptement, qu'on nous la servit comme nous achevions, ou plutôt comme il achevait de manger la première.

49

Le prince ... voulait surprendre. ... Le général français, qui se doutait ... fit coucher. ... Il envoya. ... Pendant que cet officier avançait ... des grenadiers ennemis l'environnèrent et lui dirent que s'il faisait du bruit, il était mort. Le chevalier d'Assas se recueillit un moment ... et cria. ... Il tomba aussitôt ... mais le régiment était sauvé.

50

Je m'approchai un jour ... j'en pris une vieille qui venait d'être ressemelée ; puis je me remis en route ... où j'allais ... je me trouvai. ... Je fis quelques pas et aperçus. ... Je m'avançai ... et ne vis plus. ... Le froid était excessif, et je ne ne découvrais. ... Je me retournai ... fis une centaine de pas, et me trouvai ... qu'embaumaient des orangers : les bottes que j'avais achetées étaient des bottes de sept lieues. Cette découverte me causa. ... Je me jetai à genoux et remerciai la Providence du hasard qui m'avait procuré cette merveilleuse chaussure.

51

Une Aventure de Mademoiselle de Scudéry

Une aventure plaisante lui arriva à Lyon, lorsqu'elle revenait de Paris ... on leur donna une chambre qui n'était séparée ... où l'on avait logé. ... Ces deux illustres personnages n'avaient pas ... mais ils traînaient ... qui les suivaient ... et ils avaient toujours. ... ... ils reprirent leurs discours ... et tinrent conseil s'ils devaient faire mourir ... les avis étaient partagés. Le frère, qui avait l'humeur ... concluait à la mort ; la sœur ... prenait le parti de la pitié et voulait. ... Elle finit toutefois ... et la difficulté ne fut plus que de choisir le genre de mort.

L'un criait qu'il fallait ... l'autre lui demandait. ... Ils parlaient si sérieusement ... que le gentilhomme ... crut qu'on délibérait ... et s'en alla ... qui fit appeler. ...

On interrogea. ... "N'avaient-ils point eu. ... M. de Scudéry répondit que oui. N'avaient-ils point menacé. ... Il l'avoua. N'avaient-ils point concerté. ... Il en convint. N'allaient-ils point à Paris. ... Il ne le nia point. Là-dessus on leur demanda leur nom ; mais en apprenant que c'étaient M. et Mlle de Scudéry, les officiers se rendirent compte qu'ils avaient parlé ... et qu'ils n'avaient point d'autre dessein. ... Leur innocence fut reconnue, et ces messieurs se retirèrent. ...

52

La Queue du Chien d'Alcibiade

... Tel fut le cri ... quand Alcibiade s'avisa ... qui lui avait coûté. ... Des amis représentèrent ... que cette action était blâmée ... et faisait mal parler de lui.—"Voilà précisément ce que je demandais," leur dit-il. ...

Lorsque Bonaparte préparait [prépara] sa campagne... il eut recours ... elle n'en était pas moins ... les Autrichiens commençaient à s'inquiéter. Rien n'annonçait ... mais on avait appris ... devaient épier.... Que fit Bonaparte.... —Il écrivit ... dans laquelle il lui mandait qu'il était malade, que sa poitrine était délabrée, qu'on lui ordonnait... et qu'il se proposait.... Il la priait donc ... et lui baisait cordialement les mains.—La nouvelle ... fit son chemin.... Et les Autrichiens qui redoutaient.... —Les agents ... n'entendirent plus parler... ils en parlèrent ... et le général autrichien se rassura.... —Quelques jours après, le malade avait traversé....

53

1. I wanted to know what was happening. 2. I determined [demanded] to know what was happening. 3. He tried [made as if to] throw himself upon me, but was held back. 4. Mme Loisel became acquainted with [learnt to know] the horrible life of the needy. 5. Mme Loisel was acquainted with [knew] some one at the Ministry. 6. She used to dress simply, as she could not adorn herself. 7. She adopted a simple style of dress, as she could not adorn herself. 8. I was going to school already when I was five. 9. At five years of age I went [was sent] to school. 10. To advance was impossible. 11. I found it impossible to advance. 12. When in the evening the masters arrived at the house, I already knew that they were called M. and Mme Alphonse. 13. On Sundays I could escape for a few hours. 14. On the Sunday I managed to escape for a few hours.

54

§ 79. 1. Action now completed :
    1. J'ai pris. 6. Ont remplacé.

§ 79. 2. Past time not specified :
    2. Je l'ai déjà aperçu. 9. Il a été mis en évidence.

§ 79. 4. Used for the future perfect after ' si ' :
    4. Si vous n'avez pas écrit.

§ 79. 5. Conversational past :
    3. Je l'ai aperçu hier. 5. Je suis né en 1890.
    7. J'ai été payé aujourd'hui. 8. Je suis allé ... ce matin.

Sentence 10 : ' J'ai tôt fait de ramener ... ' may be explained as a ' perfect historic ' (cf. § 73.5) used for the second past perfect (of § 81.1) : ' J'eus tôt fait de ramener ... '

55

1. Ce siècle a vu naître. ... 2. Le dix-huitième siècle vit naître. ... 3. A Iéna Napoléon infligea. ... 4. ... l'Irlande a infligé. ... 5. Napoléon ne put. ... 6. ... Jules n'a pu. ... 7. Avez-vous déjeuné. ... 8. Où vous êtes-vous fait faire. ... 9. On ne sait quel pharaon fit construire ... [or : a fait construire (§79.2)]. 10. ... ce qui s'est passé. 11. Que se passa-t-il ... n'en a trahi le secret [or : n'en trahit le secret]. 12. ... celui qui m'a trahi.

56

Ce matin, comme il ne pleuvait pas, je me suis décidé. ... Je suis sorti du château, qui est bâti ... et me suis mis à descendre ... j'ai entendu un bruit de pas ; j'ai jeté un regard ... et ai aperçu un homme ... qui s'avançait. ... Il a ôté son chapeau, et m'a salué ... que personne ne m'avait encore témoigné. Je me suis découvert comme lui, et l'ai salué ... ce qu'il pouvait bien avoir à me dire. ... Il avait l'air embarrassé ; il s'est incliné plusieurs fois, a fait quelques pas ... a semblé vouloir ... a déposé ... qui avait l'air ... m'a salué de nouveau, et a repris le chemin par où il était venu.

57

J'ai demandé à souper dès que j'ai été. ... C'était un jour maigre : on m'a accommodé. ... Pendant qu'on me les apprêtait, j'ai lié conversation ... qu'on me faisait a été en état ... je me suis assis. ... Je n'avais pas encore mangé ... que l'hôte est entré ... qui l'avait arrêté. ... Ce cavalier portait ... et pouvait bien ... Il s'est approché ... m'a-t-il dit ... et il m'a jeté les bras. ... Mon admirateur m'a paru ... et je l'ai invité. ... Il m'a dit qu'il n'avait pas ... mais qu'il allait ... et il s'est assis. ... On lui a apporté ... Il s'est jeté ... qu'il semblait n'avoir mangé ... dont il s'y prenait ... j'ai bien vu qu'elle serait. ... J'en ai commandé ... qui a été faite si promptement, qu'on nous l'a servie comme nous achevions, ou plutôt comme il achevait. ...

58

Une Aventure de Mademoiselle de Scudéry

Cette semaine une aventure plaisante lui est arrivée à Lyon, lorsqu'elle revenait . . . on leur a donné . . . que n'était séparée . . . où l'on avait logé . . . n'avaient pas [n'ont pas] grand équipage, mais ils traînent . . . qui les suivent . . . et ils ont toujours. . . .

. . . ils ont repris . . . et ont tenu conseil s'ils devaient . . . les avis étaient partagés. Le frère, qui a l'humeur . . . concluait à la mort ; la sœur . . . prenait le parti . . . et voulait. . . . Elle a fini . . . la difficulté n'a plus été. . . .

L'un criait qu'il fallait . . . l'autre lui demandait . . . ils parlaient . . . a cru qu'on délibérait . . . et s'en est allé . . . qui a fait appeler. . . .

On a interrogé. . . . N'avaient-ils point eu. . . . M. de Scudéry a répondu que oui. N'avaient-ils point menacé. . . . Il l'a avoué. N'avaient-ils point concerté. . . . Il en a convenu. . . . N'allaient-ils point. . . . Il ne l'a point nié. Là-dessus on leur a demandé . . . que c'étaient . . . se sont rendu compte qu'ils avaient parlé . . . et qu'ils n'avaient d'autre dessein. . . . Leur innocence a été reconnue, et ces messieurs se sont retirés. . . .

59

1. Je sais qu'il est là, qu'il était là, qu'il fut là, qu'il a été là, qu'il sera là, qu'il serait là, si . . ., qu'il aura été là, qu'il aurait été là, si. . . .

Je savais qu'il était là, qu'il avait été là, qu'il serait là, qu'il aurait été là.

2. Je pense qu'elle m'aperçoit, qu'elle m'a aperçu, qu'elle m'apercevra, qu'elle m'apercevrait, si . . ., qu'elle m'aura aperçu, qu'elle m'aurait aperçu, si. . . .

J'avais pensé qu'elle m'apercevrait.

3. J'apprendrai demain s'il vient, s'il est venu, s'il doit venir (better than ' s'il viendra ').

Je devais apprendre le lendemain s'il venait, s'il était venu, s'il devait venir.

4. Je veux voir comment il s'y prend, s'y prenait, s'y prit, s'y est pris, s'y prendra, s'y prendrait, si . . ., s'y sera pris, s'y serait pris, si. . . .

J'ai voulu voir comment il s'y prenait, s'y était pris, s'y prendrait, s'y serait pris.

60

1. Je trouvais que toute imposture était indigne. . . .
J'ai toujours trouvé   était indigne. . . .
2. Il s'endormait si profondément qu'il fallait le réveiller. . . .
Il s'endormit   qu'il fallut.
Il s'est endormi   qu'il a fallu.
Il s'était endormi   qu'il avait fallu.
Il s'endormira   qu'il faudra.
Il se serait endormi   qu'il aurait fallu.
3. Il prétendait qu'il vous valait bien.
Il a prétendu qu'il vous valait bien.
Il prétendra qu'il vous vaut bien.
4. Il avoua qu'il s'était trompé.
Il a avoué qu'il s'était trompé.
Il avouera qu'il s'est trompé.
5. J'étais d'avis qu'il viendrait.
Je fus d'avis qu'il viendrait.
Je serais plutôt d'avis qu'il viendra.
   (Diffident affirmation, *cf.* § 84.2 (*a*)).
6. Je montai dans un wagon, mais redescendis promptement,
car je m'aperçus que c'était un compartiment de dames seules.
Je suis monté . . . mais suis redescendu . . . car je me suis aperçu
que c'était. . . .
J'étais monté . . . mais étais redescendu . . . car je m'étais aperçu
que c'était. . . .

61

1. Je demandai . . . dès que je fus. . . . J'ai demandé . . . dès que
j'ai été. . . . J'avais demandé . . . dès que j'avais été. . . . Je de-
manderai . . . dès que je serai. . . . Je demanderais . . . dès que je
serais. . . . J'aurais demandé . . . dès que j'aurais été. . . .
2. Ce n'est [ne fut] qu'après qu'il eut hérité . . . qu'il put payer.
. . . Ce n'est qu'après qu'il a eu hérité . . . qu'il a pu payer. . . . Ce
n'est [ne sera] qu'après qu'il aura hérité . . . qu'il pourra payer. . . .
Ce n'est [ne serait] qu'après qu'il aurait hérité . . . qu'il pourrait
payer . . .
3. Quand il sut qu'elle n'était pas morte, Hector reprit espoir.
Quand il a su qu'elle n'était pas morte, Hector a repris espoir.
Quand il saura qu'elle n'est pas morte, Hector reprendra espoir.
4. A peine le magistrat a-t-il eu le dos tourné, que Satan a commencé à s'escrimer. A peine le magistrat aurait-il . . . que Satan

commencerait. . . . A peine le magistrat aurait-il eu . . . que Satan aurait commencé. . . . A peine le magistrat aura-t-il . . . que Satan commencera. . . . A peine le magistrat aura-t-il eu . . . que Satan aura commencé. . . .

5. Dès qu'il eut quelque connaissance . . . on lui fit traduire. . . . Dès qu'il aura . . . on lui fera traduire. . . . Dès qu'il a eu . . . on lui a fait traduire. . . .

6. Nous étions déjà très loin sur la route, lorsque Pauline s'aperçut que la nuit venait. Nous étions déjà . . . lorsque Pauline s'est aperçue que la nuit venait. Nous aurions été déjà [déjà été] très loin . . . lorsque Pauline se serait aperçue que la nuit venait.

7. Elle promit de revenir aussitôt qu'elle le pourrait. Elle a promis . . . qu'elle le pourrait [le pourra]. (If in its context ' a promis ' =a present perfect, the sequence is ' pourra '; if ' a promis '= conversational past, the sequence is ' pourrait.') Elle avait promis . . . qu'elle le pourrait.

8. Quand ils se levaient . . . ils montraient . . . et en effet c'étaient des hommes. Quand ils se levèrent . . . ils montrèrent . . . et en effet c'étaient. . . . Quand ils se sont levés . . . ils ont montré . . . et en effet c'étaient. . . . Quand ils se lèveront . . . ils montreront . . . et en effet ce sont des hommes.

9. Tant que les hommes se contentèrent . . . et qu'ils ne s'appliquèrent . . . qu'un seul pouvait faire, ils vécurent libres . . . autant qu'ils pouvaient l'être . . . mais dès qu'on s'aperçut qu'il était utile . . . l'égalité disparut.

Tant que les hommes se sont contentés . . . et qu'ils ne se sont appliqués . . . qu'un seul pouvait faire, ils ont vécu libres . . . autant qu'ils pouvaient l'être . . . mais dès qu'on s'est aperçu qu'il était utile . . . l'égalité a disparu.

Tant que les hommes se contenteront . . . et qu'ils ne s'appliqueront . . . qu'un seul peut faire, ils vivront livres . . . autant qu'ils peuvent [pourront] l'être . . . mais dès qu'on s'apercevra qu'il est utile . . . l'égalité disparaîtra.

10. Je pris, j'ai pris, j'avais pris, j'aurais pris, les billets tandis que mon mari faisait enregistrer les bagages.
Je prendrai les billets tandis que mon mari fera enregistrer. . . .
Je prendrais les billets tandis que mon mari ferait enregistrer. . . .

62

1. Je vous donnais tout ce que vous demandiez. Je vous ai donné tout ce que vous avez demandé [vous demandiez]. Je vous don-

nerais tout ce que vous demanderiez [demandez]. Je vous aurais donné tout ce que vous auriez demandé [demandiez]. Je vous donnerai tout ce que vous demanderez [demandez].

(Note the difference in meaning, and in the translations, of the alternatives shown.)

2. Il racontait, il raconta, les dangers qu'il avait courus. Il racontera les dangers qu'il a courus [qu'il aura courus].

(Note the difference in meaning according to the sequence.)

3. Qui le verra aujourd'hui le verra tel qu'il est. . . . Qui l'a vu aujourd'hui l'a vu tel qu'il est. . . . Qui l'aurait vu aujourd'hui l'aurait vu tel qu'il est. . . . Qui le voyait à cette époque le voyait tel qu'il était depuis vingt ans.

4. Un jour viendra où personne ne pourra. . . . Un jour viendrait . . . où personne ne pourrait. . . . Un jour est venu où personne n'a pu. . . . Un jour était venu où personne n'avait pu. . . .

5. Je pris, j'ai pris, j'avais pris, un tramway qui mène [qui menait] à la gare. Je prendrai un tramway qui mène à la gare.

6. Je pris un tramway qui me mena à la gare. J'ai pris un tramway qui m'a mené à la gare. ¯J'avais pris un tramway qui m'avait mené à la gare. Je prendrai un tramway qui me mènera à la gare. J'aurais pris un tramway qui m'aurait mené à la gare.

(In sentence 5 ' qui mène à la gare ' is descriptive. In sentence 6 ' qui me mène à la gare ' is a ' continuative clause,' giving the next step in the narrative.)

7. On l'a blâmé, on l'aurait blâmé, de ne pas avoir apporté tout ce qu'il fallait. On le blâmera . . . tout ce qu'il faut.

8. La boulangère tirait . . . qu'elle pouvait y trouver. La boulangère tira . . . qu'elle put y trouver. La boulangère a tiré . . . qu'elle a pu y trouver. La boulangère tirera . . . qu'elle pourra y trouver. La boulangère avait tiré . . . qu'elle avait pu y trouver. La boulangère tirerait . . . qu'elle pourrait y trouver.

63

1. Étaient venus. 2. Eut bientôt dépassé. 3. Avait confié. 4. Eut bientôt fait. 5. Fut entrée. 6. Avaient déjà incendié. 7. J'avais mérité. 8. J'eus reçu. 9. Eut donné. 10. N'avait pas plus tôt émis. 11. Avait franchi. 12. Eut franchi. 13. Furent arrivés, eurent pris. 14. Eurent brisé. 15. Eus-je fait [Avais-je fait]. 16. Avais-je dit.

64

1. Les enfants n'étaient pas frère et sœur, mais ils s'étaient aimés autant que s'ils l'avaient été.   2. Il avait passé cinq jours à Sienne, où il avait compté n'en passer que deux.   3. Il partit après que je lui eus donné les ordres nécessaires.   4. Il écrivait toujours ses sermons après que la famille était montée se coucher.   5. Il écrivit cet article un soir après que la famille fut montée se coucher.   6. Il m'eut bientôt donné tous les renseignements qu'il me fallait, et nous nous assîmes pour fumer une pipe.   7. Nous nous arrêtâmes pour écouter : en un instant il eut ouvert la fenêtre, et nous aperçûmes un homme qui courait vers la grille.   8. Si seulement vous m'aviez écouté !

*65

1. Depuis quand habitait-il cette maison quand nous sommes venus demeurer [vivre] ici ?   2. J'attendais depuis deux heures [Il y avait deux heures que j'attendais] quand je l'entendis ouvrir la grille du jardin.   3. Je l'avais attendu pendant deux heures, et lui m'avait attendu chez lui.   4. Il partit après que je lui eus donné les ordres nécessaires.   (Cp. Sent. 3 in Exercise 64.)   5. Après que Miss Matty fut montée se coucher, je rallumai la bougie.   6. Après que Miss Matty était montée se coucher, je rallumais la bougie.   7. Après que lui et moi (nous) eûmes quitté Oxford il passa deux années dans sa famille pour étudier l'agriculture.   8. Elle avait laissé sa montre à la maison ; elle en avait brisé le ressort pendant sa villégiature au bord de la mer.   9. Trente ans plus tard mon père habitait encore l'endroit où il s'était établi en premier lieu [tout d'abord].   Il reporta la cheville qui marquait l'endroit où le scarabée était tombé, à quelque trois pouces vers l'ouest.

66

Un Vieillard qui ne veut pas vieillir

Lorsque Sylvain . . . vit ses cheveux blanchir . . . il fit exprès . . . la perruquerie devenait un art . . . nous apprennent que . . . il fallait dépenser. . . .

M. de Bois-Doré ne s'arrêta pas . . . qui était riche . . . et qui mettait fort bien. . . . Il courut essayer . . . d'abord il s'éprit . . . qui lui allait. . . .

Bois-Doré, qui ne s'était jamais vu blond, commença à le croire

lorsqu'il en essaya une . . . qui . . . lui allait tout aussi bien. Les
deux étaient . . . mais Bois-Doré en essaya . . . qui coûtait . . . et qui
jeta . . . celle-là était. . . .

Bois-Doré se souvint . . . les dames disaient qu'il était rare. . . .
" Ce perruquier doit avoir raison," pensa-t-il . . . il s'étonna . . . lui
donnait l'air dur. . . .

" C'est surprenant, se dit-il, comme cela change ! . . . c'est ma
couleur. . . . J'avais . . . que je l'ai encore . . . ne me donnaient
pas . . ."

Il ne lui vint [venait] pas à l'idée que tout est . . . il avait la mine
qu'il devait avoir.

Mais le perruquier lui répéta . . . qu'il ne paraissait pas . . . qu'il
la lui acheta et lui en commanda . . . par économie, dit-il. . . .

Néanmoins, il se ravisa. . . . Il se trouva . . . et ce fut l'avis de
tous ceux qu'il consulta.

Le perruquier lui expliqua qu'il fallait . . . et il lui vendit la tein-
ture. Mais alors Bois-Doré se trouva . . . qu'il fallut . . . que le fard
était nécessaire.

" Il paraît, dit-il, que, quand on commence . . . il n'est plus possible de s'arrêter ? — C'est la coutume, répondit le rajeunisseur ;
choisissez . . . — Mais je suis donc vieux ? — . . . vous pouvez
encore. . . ."

Depuis ce jour Bois-Doré porta. . . .

*67

1. Il a taillé . . . et a eu bientôt fait. . . . 2. Dès que j'ai eu reçu
. . . je me suis hâté. . . . 3. Quand on a eu franchi . . . il a encore
fallu. . . . 4. . . . j'ai eu fini. . . . 5. . . . j'avais eu fini. . . .

68, 69

§ 83.1. Expression du futur :

68.1. Je serai. 4. Si je pourrai. 5. J'aurai fini.

§ 83.3. Futur exprimant la probabilité :

68.6. Je me serai mal expliqué, ou vous aurai mal
comprise.

69.1. Ce sera quelque mendiant.

§ 83.4. Comme impératif :

68.2. Tu ne tueras point.

§ 84.1. Futur dans le passé, et en concordance avec un futur dans
le passé :

68.7. J'espérais que vous viendriez. 8. Que j'entrerais
. . . aussitôt que M. le curé serait de retour.
69.7. Et qui se promèneraient.

§ 84.2. (*a*) Futur dans le passé employé par politesse ; affirma-
tions on questions atténuées :

69.2. Je ne saurais. 3. Que j'appellerais. 5. Vous
n'auriez pas . . . ? 7. On dirait.

§ 84.2. (*b*) Fait rapporté sous toutes réserves :

68.9. Il ne serait pas mort.
69.8. Un homme serait venu, qui aurait voulu.

§ 84.2. (*c*) Fait hypothétique :

69.4. Tu n'aurais qu'à oublier. 6. Est-ce que tu
serais . . . ? 9. Qui t'ôterait les gestes. 10. Qu'on
irait tisonner.

§ 85. (*a*) Futur indiquant le résultat d'une condition réelle :

68.3. Je viendrai.

§ 85. (*b*) Futur dans le passé indiquant le résultat d'une condition
imaginaire :

68.10. Il ne se cacherait pas.
69.9. Ne laisserait rien de toi.

70

1. Si la mer devient mauvaise, je me retirerai. . . .
Si la mer devenait mauvaise, je me retirais, je me retirerais. . . .
Si la mer était devenue mauvaise, je me serais retiré. . . .
2. S'il n'avait pas été si heureux il aurait été plus prudent.
3. Si vous ne venez pas me voir, je n'irai plus chez vous.
Si vous ne veniez pas me voir, je n'irais plus. . . .
Si vous n'étiez pas venu me voir, je ne serais plus allé. . . .
4. Si nous nous mettions . . . nous conviendrions qu'il lui est
impossible. . . .
Si nous nous étions mis à sa place, nous aurions convenu qu'il lui
était impossible. . . .

*71

1. S'il y eut entre eux.... 2. Si Molière jeune se brouilla ...
s'il lui joua.... 3. S'il était courageux il n'était pas stoïcien.
4. Si la valeur a ses prodiges, elle a aussi ses périls. 5. S'il fut
brave, il fut prudent.

72

1. Je viendrai si j'ai le temps. 2. Je viendrais si j'avais le temps.
3. Je serais venu si j'avais eu le temps. 4. Je viendrai quand
j'aurai le temps. 5. Avertissez-moi s'il vient quelqu'un. 6. Avertissez-moi dès qu'il viendra quelqu'un. 7. On se proposait ... qui
fourniraient d'électricité toute la région. 8. Il rêve à un pays où
le soleil brillerait toujours, où les fleurs seraient toujours écloses.
9. ... qu'ils auraient coupé des choux. 10. Elle m'apprit ... que
je resterais seule ... pendant que les autres iraient à la fête du
village.

*73

1. Je n'oublierai jamais cet interminable voyage [ce voyage inter-
minable] à travers l'Espagne. 2. Il dit que vous ne réussirez jamais.
3. Que dira-t-on ensuite ? 4. J'aurai plaisir à accepter votre aimable
invitation. 5. Il faut que je m'arrête, mais Marie vous écrira la
semaine prochaine. 6. J'espère que vous pourrez venir tous les deux
[l'un et l'autre].

7. Est-ce qu'il n'est pas encore ici [là] ? Il aura oublié qu'il est
attendu [que nous l'attendons]. 8. J'espère vous revoir. 9. Cela
ne prendra [demandera] pas un instant [une minute], et nous pro-
mettons de ne pas la déranger. 10. J'espère bien qu'il remportera
le prix ! 11. Pour comprendre la situation, le lecteur saura que le
château avait deux portes d'entrée. 12. C'est vous le nouveau
locataire, sans doute ? — Non, je suis le plombier.

*74

1. Vous m'avez [m'aviez] dit que vous arriveriez à quatre heures.
2. Vous avez [aviez] dit que vous rentreriez [arriveriez] tard. 3. Il
m'a dit qu'il pensait que je lui conviendrais très bien. 4. Je
voudrais citer encore un exemple. 5. Pourriez-vous me dire par
où aller à l'hôtel de ville ? 6. C'est dommage ; j'aurais été très
content de vous voir.

7. Quand je lui dis au revoir [Quand je lui fis mes adieux, Quand

je pris congé (de lui)], il sourit et exprima l'espoir que je répéterais ma visite.　8. J'aurais préféré rester [demeurer] plus longtemps, si j'avais pu disposer du temps nécessaire.　9. Pour rien au monde je n'irais là !　10. La cavalerie, qui plus tôt dans la journée n'aurait pas manqué d'attirer l'attention, passa sans être aperçue [passa inaperçue].　11. Rien ne servirait [Il serait vain] de nier la gravité de cet incident.　12. Il vaudrait mieux [Mieux vaudrait], somme toute, continuer vos études.　13. La fille aînée—elle pouvait [devait] avoir dans les vingt ans [être âgée de quelque vingt ans]— remplaçait souvent sa mère.　14. Je me rappelle le jour [Je me souviens du jour] où je le vis [l'ai vu] pour la première fois.　Ce devait être [C'était, je pense, je crois] en (l'année) 1902.

*75

1. Je viendrai quand je serai prêt.　2. Je serai dans un bureau quand [lorsque, alors que] vous serez encore à l'école.　3. Plus il viendra tôt [de bonne heure] mieux cela vaudra.　4. Je viendrai vous aider aussitôt [dès] que j'aurai fini [achevé, terminé] mon propre travail.　5. Le train sera parti quand vous serez prêt.　6. Il a dit qu'il rentrerait (chez lui) aussitôt [dès] qu'il aurait dicté ses lettres [son courrier].　7. Personne ne serait mieux vu à l'heure actuelle qu'un ministre qui réussirait à abaisser le coût de la vie. 8. Un livre qui serait trop complet ne répondrait pas au but que j'ai en vue [que je me propose, que je me suis proposé].　9. L'élève qui ferait cette composition en une heure serait un prodige [un phéno- mène].　10. Elle avait trois filles qu'elle aurait voulu voir établies [casées, mariées] avant sa mort [avant de mourir].　11. Nous ferons (tout) ce qu'il voudra.　12. Renvoyez-moi la lettre quand vous y aurez répondu.　13. Il m'a dit qu'il me renverrait la lettre quand il y aurait répondu.　14. Celui qui prétendrait apprendre une langue par la théorie et les règles ressemblerait à une personne qui voudrait apprendre à marcher en étudiant la théorie de l'équilibre.

*76

1. Vous ne le feriez pas si vous saviez combien cela me fait mal. 2. Ce serait très agréable [très bien] si seulement c'était possible. 3. Si c'est vrai [Si la nouvelle est vraie] il n'y a pas de temps à perdre.　4. S'il pleut je resterai à la maison.　5. Si j'affirmais [Si je disais] que ce fut [c'est] à ce moment précis [juste à ce moment] qu'ils tombèrent amoureux [s'éprirent] l'un de l'autre, je m'écarterais

peut-être de la vérité. 6. Si je ne lui écrivais pas il s'en formaliserait.
7. Si je ne lui ai pas écrit, c'est que je sais qu'il est en Suisse. 8. S'il
avait encore plus de défauts, je serais encore son ami. 9. Si vous
aviez été là vous auriez fait comme moi. 10. Si j'avais pu prévoir
toutes ces difficultés, je n'aurais jamais entrepris le travail. 11. Si
vous n'étiez pas venu à notre secours, mon équipage et moi nous
serions au fond de la mer à l'heure qu'il est. 12. Il n'oserait pas le
faire même si vous vous offriez [quand même vous vous offririez] à
l'aider [à le seconder]. 13. Je serais peut-être venu si l'on m'avait
averti [si j'avais été averti] à temps. 14. Si je pouvais seulement le
(re)voir encore une fois, je mourrais content. 15. S'il n'y avait pas
de domestiques, chacun de nous devrait se servir lui-même [il
faudrait que chacun de nous se serve lui-même]. 16. Si tout allait
bien, ils seraient devant la porte lorsque Jeanne l'ouvrirait. Si on
les découvrait prématurément, ils devaient tuer quiconque les
découvrirait. 17. Ils l'auraient eu s'ils l'avaient demandé. 18. S'il
avait regardé, il aurait forcément vu [aperçu] les feux du train qui
approchait. 19. Si Pompée était tombé en combattant, il serait
mort glorieusement. 20. S'il était ici il ferait comme moi. 21. Si
je n'avais pas manqué ce train, je n'aurais pas songé à faire cette
promenade.

77

1. Il va pleuvoir ; prenez votre parapluie. 2. Arrivez, le thé va
(se) refroidir. 3. Nous allons vous quitter dans une demi-heure.
4. J'allais le héler lorsqu'il m'aperçut. 5. Je vais maintenant
appeler les témoins. 6. Qu'est-ce que vous alliez dire ? 7. Nous
venons de les reconduire à [jusqu'à] la gare. 8. Vous veniez de sortir
lorsque la dépêche [le télégramme] est arrivé[e]. 9. Il vient d'arriver
un accident. 10. Huit heures venaient de sonner.

L'Impératif

78

1. Lève-toi. . . . 2. Rappelle-toi . . . et penses-y. . . . 3. Sois
sage et aie soin. . . . 4. Va . . . ou vas-y tout seul si tu veux.
5. Va-t'en. . . . 6. Si tu tiens . . . nettoie-la. 7. Ne mange pas
. . . donnes-en à ton petit frère. 8. Fais-toi faire. . . . 9. Veuille
bien. . . . 10. Assieds-toi donc [Assois-toi donc]. . . . 11. Ne te
sers pas. . . . 12. Sache te taire. . . .

79

1. Rentrez à la maison [chez vous] et faites ce qu'on vous dit.
2. Mêlez-vous de vos affaires.   3. Assieds-toi [Assois-toi] et écoute,
Marie.   4. Ne pense pas [Ne va pas penser] que je t'oublierai !
5. Faites trop de questions et vous allez tout gâter.   6. Que la
nourriture soit (seulement) saine et abondante, et je suis satisfait
[content].   7. Tenez-vous donc tranquilles, mes enfants !   8. Venez
donc avec nous !   9. Ne le jugeons pas trop sévèrement.   10. N'y
pensons pas.   11. Supportons nos misères [nos maux] avec patience.
12. Que tout se fasse selon leur désir.   13. Si Dick Mulligan est prêt,
que la bataille commence !   14. Qu'ils viennent tous !   Laissez-
les venir tous !   15. Que personne ne bouge avant que je donne
le signal.   16. Laisse donc le chat tranquille, Marie !   17. Dé-
pêchez-vous, mes enfants, et prenez vos places [et asseyez-vous].

L'Infinitif

80

§ 90. (a) Sujet.

> 1. Céder.   2. Nous taire.   4. Vous répondre.   9. Valser,
> danser.   11. Tout comprendre.

(b) Prédicatif.

> 3. Répondre.   4. Vous cacher la vérité.

(c) Objet.

> 5. Être.   10. Nous avoir vus.   12. Réussir.

(d) Équivalent d'un adjectif.

> 8. A faire.

(e) Équivalent d'un adverbe.

> 6. Avertir.   7. Pour comprendre.

81

1. Le connaître c'est l'aimer.   (Sujet et complément prédicatif.)
2. Savoir jouer du piano (, ce) n'est pas connaître la musique.   (Sujet
et complément prédicatif.)   3. Je veux [désire] le voir.   (Complément d'objet.)   4. Je suis ici pour le voir.   (Équivalent d'un
adverbe.)   5. Le mieux était de rire.   (Complément prédicatif.)
6. L'essentiel était de ne pas le perdre de vue.   (Sujet logique.)

7. Il est dans la salle à manger. (Équivalent d'un adjectif.) 8. Il était censé ne rien savoir. (Complément prédicatif.) 9. Sa principale occupation dans sa vieillesse était de causer [s'entretenir] avec ses amis. (Complément prédicatif.) 10. La grande affaire de sa vie, c'était de marier ses filles. (Sujet logique.)

82

1. Elle faisait lire les enfants. Elle les faisait lire. 2. J'ai fait déchiffrer le morceau à [par] mes élèves de piano. Je leur ai fait déchiffrer le morceau. 3. Je ferai avertir vos parents de votre conduite. Je les ferai avertir de votre conduite. 4. Il faut faire savoir le résultat aux intéressés. Il faut leur faire savoir le résultat. 5. Je ferai monter les bagages par le domestique. Je lui ferai monter les bagages. 6. Le monsieur fit arrêter le filou par un agent de police. Le monsieur le fit arrêter par un agent de police. 7. Il fit lâcher prise au voleur. Il lui fit lâcher prise. 8. Faites venir le médecin. Faites-le venir. 9. Faites manger quelque chose aux enfants. Faites-leur manger quelque chose. 10. Il ne faut pas faire attendre nos invités. Il ne faut pas les faire attendre.

83

1. Je fais chanter mes élèves. 2. Je les fais chanter. 3. Je ne fais pas chanter mes élèves. 4. Je ne les fais pas chanter. 5. Faites chanter vos élèves. 6. Les faites-vous chanter ? 7. Pourquoi ne les faites-vous pas chanter ?
8. J'ai fait chanter le chœur à mes élèves. 9. Je leur ai fait chanter le chœur. 10. Je n'ai pas fait chanter le chœur à mes élèves. 11. Je ne le leur ai pas fait chanter. 12. Le leur auriez-vous fait chanter ? Est-ce que vous le leur auriez fait chanter ? 13. Pourquoi ne l'auriez-vous pas fait chanter à [par] vos élèves ? 14. Faites-leur chanter un chœur. 15. Faites-leur-en chanter un. 16. Ne leur en faites pas chanter. 17. Pourquoi ne faites-vous pas chanter tout le monde ?' 18. Pourquoi n'avez-vous pas fait chanter le chœur à [par] tout le monde ?

84

1. Est-ce que l'eau bout ? 2. Il faut faire bouillir de l'eau. 3. Avez-vous fait venir un médecin ? 4. Où vous faites-vous faire vos habits [vêtements] ? 5. Je veux me faire faire un pardessus. 6. Ne vous faites pas punir. 7. Faites-vous aider par quelqu'un.

8. Si j'avais obéi je ne me serais pas fait renvoyer.   9. Faisons réparer [restaurer] ces bâtiments.   10. Je ferai mettre une pièce à mon pantalon par un tailleur.   11. Je ferai [Je vais faire] repeindre la porte.   12. Je la ferai peindre par Williams.

*85

1. Faites asseoir les [ces] dames.[1]   2. Qu'est-ce que vous leur avez fait manger ?   3. Faites descendre ma malle par quelqu'un.   4. Je ne peux pas faire taire les enfants.   5. Ils m'ont fait reposer pendant une demi-heure.   6. On nous fit lever pour chanter.   7. Comment ferez-vous accepter ces conditions à l'ennemi ?   8. Elle est si aimable qu'elle se fait aimer de tout le monde [de tous].   9. Pouvez-vous nous faire voir quelque chose de meilleur marché ?   10. Ses brillantes victoires le firent regarder comme invincible.   11. Il essayait de faire rire le bébé.   12. La lumière qu'ils apercevaient [aperçurent] à travers les arbres leur fit hâter le pas.

[1] In the presence of the ladies one would say 'ces dames.' Cp. § 216. *Note*.

86

1. J'entends rire.   2. J'entendais rire les enfants.   3. Je t'entends bien rire.   4. Je vis accourir toute une foule.   5. Je le lui ai vu faire.   6. Laissez-les courir.   7. Je leur [les] laisse faire ce qu'ils veulent.   8. Je ne le leur laisserai pas faire.   9. J'écoute les enfants réciter leur leçon.[1]   10. La prison était pleine de rats ; je les sentais me courir sur le corps.

[1] Not 'J'écoute réciter la leçon aux enfants,' which would be ambiguous, or rather, would convey a different meaning.

87

1. Je l'ai vu faire.   2. Je le lui vois souvent faire.   3. Je l'ai souvent entendu dire.   4. Le lui avez-vous jamais entendu dire ?   5. Je la vis courir [qui courait] vers la porte.   6. Je sentais [sentis] son cœur battre [qui battait] contre le mien.[1]   7. Je l'entendis traverser [qui traversait] le jardin.   8. Elle regardait les feuilles descendre le courant.   9. J'entendis [J'ai entendu] sortir quelqu'un [quelqu'un sortir].   10. L'avez-vous vu entrer ?   11. Je l'ai vu passer ce matin à huit heures.   12. Ne vous laissez pas emporter par vos sentiments.

[1] Better than 'Je sentais battre son cœur . . .,' as 'contre le mien' should immediately follow 'battre.'

*88

1. Je ne lui ai pas entendu prononcer plus de vingt mots. 2. Après avoir [Après que j'eus] tout vu remettre à sa place [en place], je rentrai chez moi [à la maison]. 3. J'avais souvent entendu prononcer ce mot, mais ne l'avais jamais vu (par) écrit. 4. C'était l'homme que j'avais entendu appeler Gaspard. 5. Il entendit pousser un long soupir (tout) auprès [à côté] de lui. 6. J'entendis tomber quelque chose [quelque chose tomber] à terre. 7. L'usine se trouve (là) où vous voyez fumer ces cheminées [ces cheminées qui fument] à l'horizon. 8. Je lui avais [l'avais] entendu louer cet artiste. 9. Laissez-vous conseiller par vos amis. 10. Je ne lui ai jamais rien vu faire [vu rien faire] de la sorte [de pareil]. 11. Ne laissez jamais échapper une occasion. 12. Il se sentit frapper rudement au visage.

89

1. I can't open the window. 2. Mother, may I go and play with Jane? 3. I want [wish] to go with him. 4. I am (quite) willing to go with him. I don't mind going with him. 5. I should (very much) like to go with him. 6. I was (quite) willing to go with him. 7. I should (very much) have liked to go [to have gone] with him. 8. Be so kind as to go with him. 9. He doesn't know how to behave in company. 10. He can't swim. 11. I cannot allow you to do that. 12. He would not have been able [would not have known how] to advise you.

90

1. Je ne pourrai pas venir si tôt [de si bonne heure]. 2. Il peut sortir s'il le veut [s'il le désire]. 3. Veuillez (bien) vous asseoir, monsieur Smith. 4. Vous dites que vous ne le pouvez pas, mais vous le pouvez. 5. Vous auriez pu mieux faire [faire mieux]. 6. J'ai essayé de faire le travail, mais je n'ai pas pu. 7. L'hôpital peut tenir quatre cents malades. 8. Notre position aurait pu être pire [plus mauvaise]. 9. Je voudrais bien mettre ma robe neuve. 10. Si elle (le) voulait elle pourrait se rendre utile.

*91

1. Je lui ai demandé de le faire, mais il n'a pas voulu. 2. J'entends du bruit : qu'est-ce que cela peut (bien) être ? 3. Cela ne peut pas être vrai, ce qu'il raconte. Ce qu'il raconte ne peut (pas) être vrai.

4. Je savais bien que ce qu'il racontait ne pouvait (pas) être vrai.
5. Il dit qu'il peut le faire. — Il le peut en effet.   6. Sa beauté
est indéniable.   L'on ne saurait nier sa beauté.   7. Ils auraient
voulu rester [Ils seraient volontiers restés] plus longtemps dehors.
8. Nous aurions bien voulu faire quelques milles de plus [Nous
aurions volontiers fait quelques milles de plus], mais l'essence nous
manqua [mais nous nous trouvâmes à court d'essence].   9. Le
travail peut se faire.   10. Je me demande ce que j'ai (bien) pu
faire pour l'offenser [le fâcher, le froisser].

11. Où est Marie ? — Je ne l'ai pas vue ; elle est peut-être dans
[à] la cuisine.   12. Il arrivera peut-être à temps [Il se peut qu'il
arrive à temps] s'il marche vite.   13. J'y serais peut-être allé si
j'avais su que vous y étiez [fussiez].   14. Et quel âge pouvez-
vous avoir, ma chère enfant, si je puis vous faire cette question [si
j'ose vous faire..., si la question n'est pas indiscrète, s'il m'est
permis de vous faire cette question].   15. Dans la conversation il
se montrait volontiers (très) gai et plein d'humour.

*92

1. C'est notre devoir d'aimer nos semblables. ...   2. Nous avons
l'intention de passer. ...   3. ... il faut que nous nous levions. ...
4. ... il est probable que nous nous sommes trompés. ...
5. Il était décidé qu'il quitterait l'école. ...   6. Il a été obligé de
quitter. ...   7. Je suis sûr que vous vous ennuyiez. ...   8. Je suis
sûr que vous vous êtes ennuyé. ...   9. Je fus obligé de faire. ...
10. Son devoir est de faire. ...   11. Son devoir était de faire. ...
12. Il faudra qu'il fasse. ...   13. On dit qu'il prendra sa retraite
à la fin de l'année ; est-ce vrai ?   14. Vous feriez bien de lui
rendre ...   15. Vous lui êtes redevable d'une visite.

93

1. Qu'est-ce que je dois lui écrire ?   2. J'ai dû [Je dus] lui écrire
une lettre très désagréable.   3. Nous devions nous rencontrer [nous
rejoindre] à trois heures sous la grosse horloge de la gare.   4. Nous
devrions leur rendre visite [leur faire une visite] ; allons-y cet après-
midi.   5. Vous auriez dû venir plus tôt.   6. Vous n'auriez pas dû
vendre vos livres.   7. Son article doit paraître dans un prochain
numéro de *Nature*.   8. Vous devez le savoir.   Vous ne devez pas
l'ignorer.   9. Ce doit être un vieillard [Il doit être bien vieux]

aujourd'hui. 10. Nous aurions dû le faire il y a longtemps. Il y a longtemps que nous aurions dû le faire. 11. Les petits enfants doivent se faire voir et [mais] ne pas se faire entendre. 12. Nous devions recevoir l'argent aujourd'hui, mais papa a dû oublier [doit avoir oublié, aura oublié] de nous l'envoyer.

*94

1. Il me demanda ce que l'on devrait faire. 2. Il y a toujours des gens qui se tiennent où ils ne le devraient pas. 3. Il ne devait plus jamais revoir sa patrie. 4. Comme il devait passer par Oxford, je l'invitai a nous rendre visite [à nous faire une visite]. 5. Elle leur dit qu'ils devraient tout préparer eux-mêmes. 6. Il semble devoir réussir. 7. Il devait arriver hier soir. 8. Je dus [J'ai dû] manger trois tranches [morceaux] du gâteau, parce que c'était sa fille qui l'avait fait. 9. S'il le dit ce doit être vrai. 10. Quand il avait neigé je devais me lever à six heures pour balayer la cour.

*95

1. Je désire sortir. 2. Il n'osera jamais se montrer. 3. Hélène osait [osa] à peine lever les yeux. C'est à peine si Hélène osait [osa] lever les yeux. 4. J'aime(rais) autant attendre. 5. Je préfère [J'aime mieux] l'attendre. 6. M. Pecksniff n'osait pas sortir de sa retraite [cachette]. 7. Je prétends être obéi. 8. Que préférez-vous faire ? 9. Il était convaincu qu'ils l'avaient volé, mais il n'osait pas le dire. 10. Comment osez-vous vous montrer ici ?

96

1. J'affirme avoir dit la vérité. 2. Il avoua être arrivé en retard. 3. Il déclara ne rien devoir à personne. 4. Il dit avoir eu beaucoup de difficulté à les retrouver. 5. Il reconnaît avoir bien reçu la somme. 6. Il nie avoir rien entendu. 7. J'ai cru avoir raison. 8. Je pensais bien vous revoir. 9. J'espère bien vous revoir. 10. Je m'étais figuré retrouver la maison telle quelle. 11. Il finit par avouer avoir inventé cette histoire pour nous taquiner. 12. Est-ce que vous vous figurez avoir le droit d'interrompre l'orateur à chaque instant ?

*97

1. Quand comptez-vous le voir ?   2. Il reconnaît [avoue] avoir reçu mille francs.   3. Il nie avoir été [s'être trouvé] dans le bois à l'heure [au moment] où ils disent l'avoir vu.   4. Il s'imaginait réussir du premier coup.   5. Je me rappelle avoir entendu dire qu'il avait fait fortune.   6. Quand il la vit entrer dans la pièce [salle, chambre] il faillit étouffer de rage.   7. Je faillis faire tomber [renverser] mon oncle dans le corridor.   8. Il était si bouleversé [ému] qu'il faillit laisser tomber le porte-monnaie [la bourse].   9. Je me rappelle l'avoir entendu parler de vous.   10. Pensant l'éviter, elle entra dans une boutique [un magasin].   11. Il espère être nommé. 12. Il prétendit avoir fait tout le chemin à pied.

98

1. Je les ai menés voir l'exposition.   2. Envoyez-le acheter du pain.   3. Quand viendrez-vous nous voir ?   4. Pourquoi est-il allé lui raconter tout cela ?   5. Courez vite avertir votre père.   6. Je suis monté prendre de ses nouvelles.   7. Elle est redescendue tenir compagnie à ses invités.   8. Il retourna l'attendre au deuxième train. 9. Monsieur est sorti faire des courses.   10. Il paraissait n'avoir pas plus de vingt ans.   11. Vous semblez ne pas être à votre aise.   12. Il faut nous dépêcher.   13. Nous avions beau lui faire signe, il ne s'apercevait de rien.   14. Il faisait bon se promener au soleil. 15. Vous auriez beau courir, vous n'arriveriez pas à temps.

99

1. Courez lui dire ce qui est arrivé.   2. Mademoiselle Marie était sortie faire des visites.   3. Il est monté se coucher à dix heures. 4. Il est venu me voir hier.   5. Il est venu pour me voir, mais j'étais sorti.   6. Il faut écouter, mes enfants.   7. Il ne faut pas répondre avant votre tour.   8. Il fallut réduire les rations.   9. Il me sembla entendre le son [bruit] de la mer.   10. Dans ses ouvrages il m'a semblé découvrir une tendance au calvinisme.   11. Il avait beau se plaindre, personne ne l'écoutait.   12. J'eus beau l'implorer, il ne voulut pas m'écouter.   13. Il fait cher vivre dans les pays nouveaux [neufs].   14. Nos amis doivent nous mener voir l'exposition demain. 15. Lorsqu'il m'entendit parler dans le vestibule il descendit demander qui était là.   16. Il semblait [paraissait] attendre quelqu'un.

100

1. Il s'attendait à trouver le dîner prêt. 2. Je n'ai pas pensé à l'avertir. 3. Cette théorie le conduisit à essayer [tenter] quelques [de] nouvelles expériences. 4. Elle aida à le soigner. 5. Il se mit à siffler. 6. Il consent à attendre jusqu'à demain. 7. Qu'avez-vous à faire cet après-midi ? 8. Je n'ai qu'à écrire quelques lettres. 9. Je n'ai que quelques lettres à écrire. 10. Je commence à croire qu'il ne viendra pas. 11. Un voyageur vint à passer par là. 12. Qui (est-ce qui) a appris à jurer au perroquet ? 13. Ils passent leur temps à jouer. 14. Nous n'avions rien à nous dire.

*101

1. Je ne m'attendais pas à vous voir. 2. Ils jouissaient d'une santé excellente, que l'exercice avait contribué à fortifier. 3. Je tiens beaucoup à le voir aujourd'hui. 4. Le soir il restait pendant des heures à ne rien faire. 5. J'incline à croire qu'il ignorait ce fait. 6. Nous avons à regretter la mort de plusieurs vieux abonnés. 7. Si vous avez besoin de moi, vous n'avez qu'à m'envoyer chercher. 8. Nous n'eûmes pas [n'avons pas eu] à demander deux fois. 9. Est-ce que vous allez nous aider à décorer l'arbre de Noël ? 10. Nous commençons à nous rendre compte que les punitions seules ne suffisent pas. 11. Et que feriez-vous s'il venait à perdre sa place ? 12. Il faut apprendre à vous servir [aider] vous-même. 13. Nous avions passé toute la journée à l'attendre. 14. Nous avions huit milles à faire en voiture pour arriver au village. 15. Il y a deux sortes de discours : il y a le discours qu'on fait quand on a quelque chose à dire, et le discours qu'on fait quand il faut dire quelque chose.

102

1. Il montre beaucoup d'habileté à résoudre les casse-tête. 2. Il montre une tendance à tout exagérer. 3. Avez-vous des cartes à jouer ? 4. Cet auteur est assez difficile à traduire. 5. Les tigres sont durs à tuer [ont la vie dure]. 6. Il n'est pas habitué [accoutumé] à s'entendre critiquer. 7. Nous sommes prêts à partir. 8. Nous sommes tous sujets à nous tromper. 9. Le premier à faire remarquer cette erreur [à mettre cette erreur en évidence] fut Newton. 10. Il ne fut pas le dernier à professer cette opinion. 11. Il aurait été le premier à reconnaître la méprise [l'erreur], si méprise [erreur] il y avait eu. 12. Il ne fut pas le seul à protester. 13. Vous êtes le second à tomber dans cette erreur.

103

1. C'est une chose qu'il faut voir. 2. Ce n'est pas un homme qui se laisse faire, qui se laisse mener par le bout du nez. 3. Si l'on en juge d'après.... 4. Sa͞ triste mise faisait peine à voir. 5. On devient égoïste en vivant ainsi, quand on vit ainsi. 6. Somme toute, tout bien considéré, je ne regrette pas.... 7. Quand on l'entend, si on le croyait, ce serait.... 8. ... est toujours horriblement laide.

104

1. A dire vrai, elle ne pouvait dissimuler sa surprise. 2. A me voir, vous n'auriez [n'eussiez] su si j'étais mort ou vivant. 3. Nous causions [parlions] des années à venir. 4. Voici un problème à résoudre. 5. Grande propriété à vendre. 6. Les gendarmes sont plus à craindre que vous (ne) le pensez [croyez]. 7. A cette époque l'art de voler était encore à découvrir. 8. Le duc n'était pas homme à souffrir [supporter] cette humiliation. 9. C'était à faire dresser les cheveux sur la tête. 10. La boîte était pleine à éclater. 11. Je ne sais pas ce que vous gagnerez à attendre. 12. Elle s'abîme l'estomac à manger des gâteaux et des bonbons.

105

1. Après avoir écouté la musique, on dansa au salon [nous avons dansé au salon]. 2. Après avoir lu la lettre, il me la donna [passa]. 3. Il commença par nous expliquer les dangers de la situation. 4. Il commença par se cacher et finit par s'enfuir. 5. Personne ne visite la caverne sans lui donner un pourboire. 6. Si je le fais, c'est entièrement pour [afin de] vous plaire. 7. Je suis trop occupé pour venir. 8. J'étais trop malade pour me lever. 9. Pouvez-vous me prêter assez d'argent pour acheter [me prêter de quoi m'acheter] un billet de chemin de fer? 10. Il ne l'aime pas assez pour l'épouser. 11. Il fut mis à mort [fut exécuté] pour avoir volé un mouton. 12. Il parle assez haut pour se faire entendre. 13. Un mois n'est pas assez pour aller passer des vacances en Égypte. 14. Elle alla jusqu'à exprimer des doutes sur son honnêteté [sur sa probité].

*106

1. Il me fallut [Je dus] partir sans l'avoir vu. 2. Je m'approchai pour mieux l'entendre. 3. Elle devait être bien en colère pour crier

si fort [si haut]. 4. Je le sais pour l'avoir vu. 5. Il fait trop chaud pour aller se promener. 6. La ville n'est pas assez forte pour résister à l'attaque. 7. Le malade était encore trop faible pour entreprendre un si long voyage. 8. Il est assez sage pour savoir ce qu'on attend de lui. 9. Il parle assez bien (le) français pour se faire comprendre. 10. Il était trop prudent pour se laisser surprendre.

107

1. Je suis fâché de refuser. C'est à regret que je refuse. 2. Il craint d'échouer. 3. Le médecin lui a conseillé de voyager. 4. J'avais promis à ma sœur de l'accompagner. 5. Il refusa de dire ce qu'il allait faire [ce qu'il ferait]. 6. N'omettez pas de visiter le Louvre. 7. Vous feriez bien d'écrire plus distinctement. 8. Je lui dis de partir [de s'en aller]. 9. Ils cessèrent peu à peu de se voir. 10. Je n'ai pas besoin de vous en dire davantage. 11. Le médecin me fit signe d'entrer. 12. Avez-vous le temps de lire cette lettre ? 13. Je n'avais aucune intention de le revoir. 14. Elle n'eut pas le temps de comprendre. 15. Je n'ai aucun désir de vous offenser [froisser]. 16. Je serai enchanté de venir. J'aurai plaisir à venir. 17. Nous sommes enchantés de vous voir. 18. Êtes-vous sûr de le voir ?

108

1. Mme Prig avait refusé d'assister à la cérémonie. 2. Je commence à me fatiguer de toujours entendre la même chose. 3. Il importe d'agir vite. 4. Nous avons promis d'être [d'arriver] à l'heure. 5. Je résolus de commencer comme je comptais finir. 6. Comparez ce qu'il fut et ce qu'il aurait choisi d'être ! 7. Il aurait mieux fait de publier moins de livres. 8. Il me conseilla de rentrer à la maison [chez moi, chez nous]. 9. On permettait aux élèves de rentrer [retourner] chez eux le samedi. 10. Les femmes devraient [doivent] se piquer d'être bonnes ménagères. 11. Vous avez raison de croire à sa bonne foi. 12. J'ai sujet de croire qu'il fit [rédigea] un autre testament. 13. Nous n'avions pas besoin de tant nous presser. 14. Prenez garde de tomber. 15. Qu'a-t-il l'intention de faire ensuite ? 16. Il eut la sottise de vendre sa part. 17. Il eut la faiblesse de céder. 18. Le moment de résoudre ce problème n'est pas encore venu [arrivé]. 19. Nous quittâmes la caverne au crépuscule, dans le dessein de revenir [d'y revenir] le lendemain matin. 20. Il est digne d'être compté parmi les héros. 21. Il y a beaucoup de gens qui seront surpris de l'apprendre.

*109

1. ... et les égyptiennes admirèrent l'enfant, la caressèrent, la baisèrent. 2. Madame alors cria les hauts cris et se jeta en travers de la porte. 3. Aussitôt, l'homme lâcha son fusil et se glissa dans une fondrière. 4. Je lui racontai ma mésaventure, et il se mit à rire. 5. Et chacun pensait en lui-même. ... 6. Sa mère l'attrapait, et les calottes pleuvaient.

*110

1. Ce[1] [Il] n'est pas facile de traduire ce texte. 2. C'est le premier devoir d'une femme d'être jolie. 3. Il est souvent difficile de dire la vérité. 4. Il n'est pas bon de faire des martyrs. 5. L'essentiel, c'était de ne pas les perdre de vue. 6. Il lui était très pénible de marcher sans béquilles. 7. Ce nous fut une grande joie (que) de le revoir. 8. C'est[1] cruel de votre part de me parler ainsi. 9. C'est de la cruauté de me parler ainsi. 10. Il était facile de prévoir les conséquences.

[1] Cp. § 71.3. *Note* (2).

*111

1. Son sort fut de vivre et (de) mourir pauvre. 2. Il était difficile de croire qu'il avait [qu'il eût] soixante ans. 3. Il était impossible d'avancer. 4. Il était défendu de parler. 5. Il semble [paraît] difficile de faire mieux [de mieux faire]. Faire mieux paraît difficile. 6. Il importe d'agir vite. 7. Ç'aurait été dommage de manquer l'occasion. 8. C'est[1] vexant de ne pouvoir rien faire. 9. Il n'était pas facile de répondre à cette question. 10. Ce[1] n'est pas bien agréable de s'entendre parler comme cela [ça].

[1] Cp. § 71.3. *Note* (2).

112

1. Il aime (à) faire de la bicyclette, mais il aime encore mieux se promener en auto. 2. Qu'avez-vous décidé de faire ? 3. Il faut le décider à venir. 4. Voyons, décidez-vous à faire quelque chose ! 5. Êtes-vous toujours décidé à partir ? 6. Elle demanda à venir avec nous. 7. Elle nous demanda de venir avec elle. 8. Elle disait l'avoir vu. 9. Dites-leur de se hâter. 10. Il n'en finissait pas de raconter son histoire, et il finissait par fatiguer son auditoire.

11. Pourquoi l'avez-vous laissé partir ?   12. Je vous laisse à penser
ce qu'on va dire ; le public ne laissera pas de crier que nous l'avons
fait exprès.   13. L'avez-vous entendu parler ?   14. Il s'entend très
bien à amuser son public.   15. Essayez de vous lever.   16. Essayez-
vous à faire quelques pas.   17. Mais je risque de tomber !   18. Ne
vous risquez pas à sortir de votre chambre.   19. Plusieurs des
villageois s'offrirent à me servir de guide, et un fermier offrit
de me prêter sa carriole.   20. Je me refuse à croire qu'il ait refusé
d'obéir.

113

1. Au lieu de les empêcher d'aller à la foire, je leur permettrais
de quitter [sortir de] l'école une heure plus tôt.   2. Avertissez-les
de ne pas sortir.   3. Écrivez-leur de venir tout de suite [sur-le-
champ].   4. Demandez-leur d'avertir la police, et priez-les de venir
(bien) vite.   5. Ils menacèrent de démissionner si on ne leur permettait pas de prendre leur congé [leurs vacances] ensemble.
6. Voilà ce qu'il fit, mais il ne fut pas longtemps à s'en repentir.
7. Ne tardez pas à lui répondre.   8. Il nous tarde de savoir ce qui
a été décidé [ce qu'on a décidé].   9. Comme il lui tardait de les
revoir !   10. Je vous laisse à penser ce qui arriva.   11. Je n'aime
pas (à) jouer au golf ; j'aime autant rester à la maison.   12. Ne
demandez jamais à parler quand vous n'avez rien à dire.

RÉVISION
114

1. Vous paraissez bien vous amuser.   2. Je suis convaincu que
l'humanité tend à progresser.   3. Prenez la peine de vous asseoir.
4. Vous n'avez qu'à lever la main. . . .   5. Il est trop avisé pour
tomber dans le piège.   6. Lorsque je fus prêt à sortir, il commença
à [occasionally de] pleuvoir.   7. Il fait bon lire au coin du feu.   8. Il
se propose de voyager.   9. Il n'a qu'à prononcer une phrase pour
trahir son manque d'éducation.   10. Il préféra se taire.   11. Il les
poussait à se révolter.   12. Je me souviens de l'avoir vu.   13. Êtes-
vous assez fort pour marcher, ou faut-il vous porter?   14. Habituez-
vous à vous lever de bonne heure.   15. Sa promptitude à répondre
. . .   16. Il tenta de s'enfuir.   17. Il doit venir demain.   18. Je
ne désespère pas de faire mieux.   19. Je ne suis pas disposé à
faire d'autres démarches.   20. Vous devriez être le dernier à vous
plaindre.   21. Avez-vous assez d'argent pour faire le voyage?   22. On

applaudit à tout rompre. 23. Il s'agit de nous dépêcher. 24. Il
n'y avait pas grand'chose à voir à l'intérieur. 25. De penser à
ces choses, un désir fou me venait d'être de nouveau chez nous.
26. Je me charge de le convertir.

115

1. Je l'ai [lui ai] entendu prononcer un discours hier. 2. Savez-
vous ce que vous avez à faire ? 3. Il ne parle pas assez haut [fort]
pour se faire entendre [pour qu'on l'entende]. 4. Je le conjurai
d'attendre encore quelques jours. 5. Il ne laissait passer aucune
occasion de faire le bien. 6. Le poisson que j'ai vu [que je voyais]
nager hier dans l'étang [dans la pièce d'eau], je l'ai vu servir à
déjeuner ce matin. 7. Ne le lui laissez pas emporter. 8. Les chré-
tiens eurent [avaient] à souffrir [durent, devaient, souffrir] des
calamités [des maux] que les indigènes n'auraient jamais enduré[e]s.
9. On peut excuser le gouvernement de n'avoir pas [ne pas avoir]
agi hâtivement [à l'étourdie]. 10. Pouvez-vous faire ce devoir sans
vous servir du dictionnaire ? 11. Voici un travail qu'il peut très
bien faire si cela lui plaît. 12. J'aime autant ne pas sortir aujour-
d'hui. 13. J'aime à me lever de bonne heure. 14. J'espère bien
réussir. 15. Dans son œuvre personne ne peut manquer [ne man-
quera] de reconnaître le sceau [l'empreinte] du génie. 16. On
peut mener un cheval à l'abreuvoir, mais on ne peut pas le faire
boire. 17. Je l'ai fait pour vous en épargner la peine. 18. On peut
acheter un sac de provisions pour six pence, et on peut avoir une
tasse de café gratis. 19. Il doit venir me trouver après la classe.
20. Je n'exprime jamais d'opinion quand je n'ai pas d'opinion à
exprimer. 21. La maison est à vendre ou à louer. 22. Il est homme
à prospérer dans le monde. 23. Dites-lui de se taire ; il est toujours à grogner et à se plaindre. 24. On avait laissé échapper
l'occasion, et il n'y avait rien à faire. 25. Il était difficile de décider
ce qu'il y avait de mieux à faire. 26. Si nous devons être descendus
avant neuf heures nous n'avons pas de temps à perdre. 27. Le
courant était si rapide qu'il faillit se noyer. 28. Il devait être tard,
car les rues étaient silencieuses. 29. Il ne faut pas vous (laisser)
décourager. 30. On avait beau lui écrire, il ne répondait jamais.
31. Je sors acheter des pommes de terre. 32. Vous n'auriez pas
dû le répéter. 33. Je vous conseille de ne pas vous aventurer à
critiquer ce que vous ne comprenez pas.

PARTICIPE ET GÉRONDIF

116

1. croyant. 2. courantes, dormantes. 3. confiants. 4. charmante. 5. trébuchant, agitant. 6. trébuchants. 7. agitantes. 8. fatiguant. 9. fatigante. 10. couvrant, ravissants. 11. agissante. 12. luisants, étincelant. 13. riant, causant. 14. resplendissants. 15. se chauffant, branlant.

117

1. convainquant. 2. convaincante. 3. sachant, fatigantes. 4. savant, vacante. 5. valant. 6. vaquant, fatiguant, vaillante. 7. fabricants, puissante. 8. pouvant, fabriquant. 9. intrigants, intriguant. 10. suffocante. 11. suffoquant. 12. provocant.

118

1. Je ne me pressais pas, étant sûr. . . . 2. Il souriait en me regardant. 3. Elle embellit en vieillissant. 4. Je la regardais balayant. . . . 5. Le temps étant à la pluie. . . . 6. En vous armant de courage. . . . 7. Il aperçut sa cousine dansant. . . . 8. Elle perdit son mouchoir en dansant. . . . 9. Il s'était pincé le doigt en fermant. . . . 10. Il apprit l'allemand en l'enseignant. 11. Voici venir les mules . . . portant . . . qu'elles bercent en marchant. 12. Maître Cornille était un vieux meunier, vivant. . . . 13. On pensait que le vieux meunier, en renvoyant Vivette. . . . 14. Il redescendit en se frottant. . . . 15. Elle dansait avec ivresse, . . . ne pensant plus à rien.

*119

Fonction passive.

1. Une porte qui est fermée. 4. Voilà qui a été décidé. 6. Une porte qui est dissimulée, cachée. 9. Un rayon de lumière qui est réfléchi par un miroir. 10. Une taille qui est serrée dans un corset. 12. C'est une affaire qui est entendue, convenue.

Fonction active.

2. Un homme qui s'empresse pour ses clients. 3. C'est un homme qui montre beaucoup de décision dans ses actions. 5. Un domestique qui se dévoue, qui fait preuve de dévouement. 7. Un caractère qui dissimule, qui cache, la vérité. 8. Un enfant qui réfléchit

beaucoup.   11. Une maîtresse qui serre son argent.   13. C'est un homme qui s'entend bien aux affaires.   14. Un homme qui se résigne à son sort.

120

1. Elle n'était pas morte, mais endormie.   2. J'aperçus une femme agenouillée dans un coin.   3. Caché parmi les buissons, il avait entendu leur conversation.   4. Appuyé contre le mur [Adossé au mur], il regardait ma fenêtre.   5. Penchée à [par] la fenêtre, elle agitait un mouchoir.   6. Un chien accroupi sur le paillasson grogna lorsque je passai.   7. Accroupie devant le feu, elle nous raconta une histoire.   8. Les enfants, assis à leurs pupitres, étaient en train d'écrire un devoir.   9. Il défit une corde suspendue à un crochet.   10. Ou le trouva pendu à un arbre.   11. Les deux cadavres étaient couchés sous un arbre.   12. Les bougeoirs étaient posés sur la table du vestibule.   13. Il faut venir avec nous [nous accompagner], vu que nous avons besoin de vous.   14. Ma plume était posée sur le pupitre.   15. Excepté Marie, personne ne vous a vu.

Attributs et Compléments du Verbe

121

1. Il était né chétif.   2. Il passe pour bien écrire.   3. On le sait riche.   4. On avoue rarement pour amis ceux. . . .   5. On vous avait montrée à moi comme une fille. . . .   6. Elle se mit à crier en me traitant de mijaurée, de grande fainéante.   7. Il . . . m'a toujours traité en ami.   8. J'ai étudié les pierres qu'on peut considérer comme les annales. . . .   9. J'aimerais à l'avoir pour [comme] ami.   10. Il se donnait pour connaisseur en tableaux.

122

1. Il n'échappa pas à la censure.   2. Il parvint à s'échapper de prison.   3. Approchez-vous du feu.   4. Ma position diffère beaucoup de la sienne.   5. Les rues sont plantées de grands arbres.   6. Nous étions amplement munis de provisions.   7. Ses larmes touchèrent ses juges.   8. Nous touchons enfin au moment décisif.   9. Je ne veux pas user plus longtemps de votre hospitalité.   10. Pouvez-vous me changer un billet de mille francs ?   11. Elle changea de robe avant de sortir.   12. Personne n'approuve son action.   13. Je voudrais demander une faveur à votre père.   14. Il n'inspire aucune

crainte à ses élèves. 15. Ce fut le maire qui présenta les médailles aux mutilés. 16. Je retrouvai ma casquette suspendue à un arbre. 17. Il prit une pièce de vingt francs dans son porte-monnaie. 18. Il tira la lettre de son portefeuille. 19. J'attends un ami. 20. Je cherche mon ami.

*123

1. La neige tombait si épaisse que nous n'avons (pas) pu aller [ne pouvions pas aller] à l'école [en classe]. 2. Le torrent passe rapide sous le pont. 3. Il resta plusieurs années prisonnier. 4. Il fut élu [nommé] chef [Il fut choisi pour chef] de l'équipe. 5. On le choisit pour chef de l'équipe. 6. Nous étions dans une position qu'on aurait pu juger [trouver] équivoque. 7. Les eaux du lac passent pour alcalines. 8. Il passait pour le meilleur soldat de sa compagnie. 9. Mon bras sert de rempart à toute la Castille. 10. On ouvre de plus en plus grandes les portes de l'enseignement secondaire. 11. Le peuple l'acclama roi. 12. Ils furent faits prisonniers par les Turcs. 13. Il fut laissé pour mort. 14. Lorsqu'il se sentit maître de lui il prit la parole. 15. Bonaparte se fit créer consul. 16. Jusqu'ici les rois m'ont reçu en ami. 17. On tient ce conte [cette histoire] pour une fable. 18. Je la savais sortie. 19. Il se conduisit en honnête homme. 20. Le parlement nomma le duc régent du royaume.

124

1. Dieu créa le ciel et la terre. 2. C'est à vous que je parle. 3. Pourquoi avez-vous attendu ? 4. Est-ce que vous les attendez ? 5. Il jouit d'une bonne santé. 6. Il change souvent de demeure [de domicile]. 7. Pourquoi n'obéissez-vous pas à vos parents ? 8. Ne leur répondez pas. 9. Qui succéda à Louis XIV ? 10. Je cherche mon livre. 11. Regardez les jolies images ! 12. Ne l'écoutez pas. 13. Il inspirait du courage à tout le monde. 14. Qu'avez-vous à lui reprocher ? 15. Qui est-ce qui leur enseigne le français ? 16. Le fils ressemble à son père. 17. Je lui demandai une allumette. 18. Demandez à votre frère de vous aider. 19. Il enseignait [apprenait] à ses élèves un peu d'histoire et de géographie. 20. Il manque d'argent pour réussir.

*125

1. Je doute de la vérité de son histoire. 2. Vous ne parviendrez pas jusqu'au faîte. 3. Ce chapeau lui convient [va, sied] mieux que l'autre. 4. Comment (pouvons-nous) obvier à cette difficulté ?

5. Il faut remédier à cet état de choses.   6. Il faut les faire venir [les envoyer chercher] sur-le-champ.   7. J'espère [Je compte sur] une réponse favorable.   8. Avez-vous payé le vin?   9. Nous n'aurions pas pu désirer un meilleur accueil.   10. J'ai demandé du beurre et on m'a donné de la margarine.   11. Il renonça au trône en 1320.   12. Il faut [nous devons] pardonner à nos ennemis.   13. Ceci [Cela] nuira à votre réputation.   14. Ces petits défauts [Ces petites fautes] échappent à l'observation.   15. On me présenta un chèque de cent livres.   16. Son travail lui a été bien payé.   17. Qui est-ce qui leur fournit (de) la boisson ?   18. Nous étions bien fournis de provisions [de vivres].   19. Il ne survécut pas à cette perte.   20. Vous n'échapperez pas à vos ennemis.   21. Il faut lui pardonner.   22. Il survécut et succéda à son cousin.   Il survécut à son cousin et le remplaça [à son cousin, qu'il remplaça].   23. Je l'aimais et je me fiais à lui.   24. Il dit qu'il regrettait cette erreur et qu'il y remédierait.   25. Je leur permets de me faire [poser] des questions, et je les y encourage.

126

1. Les femmes lui prirent [ôtèrent] son épée, et lui arrachèrent ses médailles de la poitrine.   2. Pour échapper à la police, il emprunta à ses hôtes des habits [vêtements] de femme.   3. Il cacha son secret à tous, et personne ne réussit [ne parvint] à le lui extorquer.   4. Tout le monde dîna d'un morceau de pain et d'un bol [d'une écuelle] de lait.   5. Ces tribus vivent de très peu (de chose), et se nourrissent principalement de fruits.   6. Je pensais à vous comme nous approchions de Douvres.   7. Tout dépendra du temps.   8. De quoi riez-vous ?   9. Nous n'avions pas de verres, et nous bûmes l'eau dans nos mains.   10. Il prit une bouteille de vin dans l'armoire.   11. J'avais découpé l'image [la gravure] dans un journal.   12. Il nous lit des anecdotes dans le journal.   13. Il choisit une femme parmi les filles du colonel.   14. Il alla chercher le scarabée dans un écrin de verre où il était enfermé.   15. Il tira de sa poche un bout de ficelle.   16. Je vous félicite de votre succès.   17. J'étais sûr [certain] que vous triompheriez de tous les obstacles.   18. Qui pourvoira aux besoins de ma famille si on ne me dédommage pas de mes pertes ?

127

1. Il manqua le but, et tout le monde se moqua de lui.   2. Il ne manque pas de courage, mais il se défie de lui-même.   3. Nous avons marché deux lieues.   4. Il ne se doutait guère de la réception qui

l'attendait.   5. Qu'est-ce qui s'est passé ce matin ?   6. S'il n'est
pas là on se passera de lui.   7. Nous ne sommes pas au complet, il
manque encore cinq hommes.   8. Nous manquons d'hommes. . . .
9. Quand je mange du homard, je rêve de crocodiles.   10. Quand il
joue aux cartes, il joue gros jeu.

*128

1. Si j'entreprends son éducation, il ne faut pas vous attendre à
des merveilles.   2. Je me démettrai de mes fonctions aussitôt que
[dès que] je me serai acquitté de mes dettes.   3. M. Pickwick se
trompa de chambre, et commença à se déshabiller sans s'apercevoir
de sa méprise.   4. Vous souvenez-vous du jour [Vous rappelez-vous
le jour] quand il nous fallut [nous dûmes] nous passer de dîner ?
5. Qu'est-ce que vous pensez de vos nouveaux élèves ?   6. Pensez-
vous jamais à nous quand vous êtes absent [au loin] ?—Oui, vous me
manquez beaucoup.   7. Il joue de la flûte, et il joue aux échecs, mais
il ne joue pas au football.   8. A quoi servirait [A quoi bon] une canne
pour jouer Macbeth ?   Macbeth ne se servait pas d'une canne !
9. Ils manquaient de nourriture et de vêtements, et il leur manquait
cinq livres pour payer leur loyer.   10. Vous devriez l'entendre jouer
du piano ; elle en joue très bien.   11. Combien de langues parlez-
vous ?   12. Ne faites pas de bruit en descendant [quand vous
descendrez] l'escalier.   13. Nous avons vécu dix ans ensemble [vécu
ensemble pendant dix ans].   14. En classe il passe son temps à rêver
aux vacances.   15. Elle rêva de ses frères morts.

PROPOSITIONS DÉPENDANTES À L'INDICATIF ET AU SUBJONCTIF

129

1. Je parlais lentement pour qu'on me comprît [*fam.* comprenne].
Je parlai lentement pour qu'on me comprît.   Je parlerai lentement
pour qu'on me comprenne.

2. Il craignit, il aurait craint, que cette nouvelle n'enflât le courage
des Espagnols et ne diminuât celui des Français.

3. Pourriez-vous souhaiter qu'Andromaque vous aime [*in very
'starched' French*, vous aimât] ?   Pourrez-vous jamais souhaiter
qu'Andromaque vous aime ?

4. Il s'est, s'était, avancé sans que personne le vît [*fam.* le
voie].

5. On ne croyait pas, n'aurait pas cru, que cela durât.

6. Il n'y aura personne ici qui ne se plaigne de vous.   Il n'y avait personne ici qui ne se plaignît de vous.

7. Il sera, il a été, le dernier qui s'en soit aperçu.   Il fut le dernier qui s'en fût aperçu [*but much better* le dernier à s'en apercevoir].

8. Je ne revenais jamais au logis que je ne me tinsse prêt à la colère de mes maîtres.   Je ne suis jamais revenu au logis que je ne me sois tenu prêt à la colère de mes maîtres.

9. Je frappai à la porte, et je demandai que l'on me gardât en attendant que la pluie eût cessé.   J'ai frappé à la porte, et j'ai demandé que l'on me gardât [*fam.* garde] en attendant que la pluie eût [*fam.* ait] cessé.   J'aurais frappé à la porte, et j'aurais demandé que l'on me gardât [*fam.* garde] en attendant que la pluie eût cessé.

10. Il attendra que j'aie fini.   Il attendit que j'eusse fini.   Il a attendu que j'eusse [*fam.* j'aie] fini.   Il a dit qu'il attendrait que j'aie [*in very ' starched ' French,* que j'eusse] fini.

*130

1. Le subjonctif passé remplace le futur dans le passé : l'expérience nous les ferait-elle éviter ? j'en doute.

2. Le subjonctif ' fît ' correspond au passé descriptif : leur misère me faisait regarder avec pitié leur rebellion.   Le subjonctif ' eusse désiré ' correspond au futur parfait dans le passé : j'aurais bien désiré que le soulagement. . . .

3. Les subjonctifs correspondent au passé descriptif : il opérait des métamorphoses et découvrait des choses cachées.

4. Le subjonctif correspond au futur dans le passé : une si belle reine offenserait-elle les regards ? dois-je le croire ?

5. 6. Dans chacune de ces phrases, la proposition principale est au présent historique, équivalent au passé historique ; les dépendantes sont donc aux temps passés du subjonctif.

131

1. S'annonce : *indic.*   2. Que je me présente : *subj.*   3. Qu'ils se dépêchent : *subj.*   4. Il tombe : *indic.*   5. Contribue : *subj.*   6. Qu'ils se connaissent : *indic.*   7. Qu'ils se connaissent : *subj.*   8. Qu'ils perdent : *subj.*   9. Continue : *subj.*   10. Si je la trouve : *indic.*   11. Encombre : *subj.*   12. Prime : *subj.*   13. Prime : *indic.*   14. Qu'on vous récompense : *subj.*   15. Pourquoi il s'absente : *indic.*   16. Qu'ils refusent : *subj.*

132

1. Je crois qu'il arrivera. 2. Croyez-vous que j'arrive ? 3. Je suis sûr qu'on vous récompensera. 4. Je ne suis pas bien sûr qu'on vous récompense. 5. Si vous croyez que j'ai du temps à perdre. (Style familier, pas de subjonctif.) 6. Il est possible que les nations modernes fournissent un jour. 7. Il me semblait que je l'avais toujours connu. 8. Il semble que Baudet... ait voulu se dépayser ; toujours est-il qu'il fit un voyage. 9. Il me demanda s'il ne me restait plus de parents. 10. Vous savez pourquoi je vous ai fait appeler. 11. Savez-vous pourquoi je vous ai fait appeler ? 12. Il se peut qu'il vienne quelqu'un. 13. J'aime qu'on m'obéisse. 14. Pour prévenir le charretier qu'il eût à se garer. 15. Faites qu'il nous vende l'oie rouge ! 16. Il ne paraît pas que le père ait rien payé. 17. S'il est vrai que j'en aie. 18. Ce n'est pas que je les craigne. 19. Tu ne me persuaderas pas qu'il faille du sang. 20. Il faut attendre qu'il soit chaud.

133

1. Je ne suis pas sûr que vous réussissiez. Est-il bien sûr que vous réussissiez ? Je pense que vous réussirez. Il faut que vous réussissiez.

2. Je souhaite qu'il vienne. Je veux, j'ordonne, qu'il vienne. Je suis d'avis qu'il vienne (tel est mon conseil). Je suis d'avis qu'il viendra (voilà ce que je pense).

3. Il est possible qu'il pleuve. Il est peu probable qu'il pleuve. Il est certain qu'il pleuvra. Il n'est pas certain qu'il pleuve.

4. On ne permet pas que j'agisse seul. On exige que j'agisse seul. On affirme que j'agis seul. On doute que j'agisse seul.

5. On peut contester que ce remède vous ait fait du bien. Il est incontestable que ce remède vous a fait du bien. Qui pourrait contester que ce remède vous a, vous ait, fait du bien ? (*Cf.* § 375.) Qui serait assez osé pour affirmer que ce remède vous ait fait du bien ?

6. Est-il certain que Christophe Colomb soit né à Gênes ? Qui vous a dit que Christophe Colomb était, fût, né à Gênes ? (*Cf.* § 375.) Il y en a qui nient que Christophe Colomb soit né à Gênes. Comment croire que Christophe Colomb soit né à Gênes ?

7. Je me doutais bien que vous étiez mécontents. Je ne me doutais guère que vous fussiez [*fam.* étiez] mécontents. Je craignais que vous (ne) fussiez mécontents. Je m'expliquais fort bien que vous fussiez mécontents.

*134

1. Je savais (bien) que vous seriez forcé de vendre votre cheval. 2. Je suis fâché [Je regrette] que vous soyez forcé de vendre votre cheval. 3. Je leur dirai que vous ne pouvez pas venir. 4. Je ne leur dirai pas que vous ne pouvez pas venir. 5. Est-il vrai que vous ne puissiez pas venir ? 6. Dites-nous si vous avez sujet de vous plaindre. 7. Nous serions très fâchés [Nous regretterions fort] que vous eussiez [*fam.* ayez] sujet de vous plaindre. 8. Je comprends qu'il ait répondu comme il l'a fait. 9. Je ne comprends pas qu'il ait répondu comme il l'a fait. 10. C'est dommage [malheureux] qu'il ait répondu comme il l'a fait. 11. Je suis heureux qu'il ne soit pas arrivé d'accident [qu'il ne soit arrivé aucun accident, qu'aucun accident ne soit arrivé]. 12. Je suis heureux d'apprendre qu'il n'est pas arrivé d'accident. 13. Il est surprenant qu'il ne soit pas arrivé d'accident. 14. Il n'était guère surprenant que son maître ne considérât pas cette explication comme satisfaisante [ne tînt pas cette explication pour satisfaisante]. 15. Il était naturel que ceux qui ne le connaissaient pas se méprissent sur ses intentions. 16. Comment se fait-il que vous soyez toujours en retard ? 17. Qu'il ait été pauvre il y a vingt ans, tout le monde le sait. 18. Je suppose que vous étiez riche alors. 19. Supposons [En supposant] que vous fussiez riche, que feriez-vous ? 20. Supposé qu'il revienne ce soir, où le mettrez-vous ? 21. Je crains que nous n'arrivions très tard [que nous ne soyons très en retard]. 22. Après cela, il semblerait qu'ils soient retournés à la gare [il paraît qu'ils seraient (§ 84.2 (*b*)) retournés à la gare]. 23. Il semble que tout le monde soit ligué contre moi. 24. On prit soin que personne ne découvrît le coupable. 25. Que voudriez-vous [voulez-vous] que je fasse ? 26. Il mérite qu'on écrive sa biographie. 27. Je ne veux pas qu'on taquine Jean davantage. 28. Il est temps que je sorte faire mes courses [mes emplettes]. 29. Faites-le tout de suite, puisqu'il faut que vous le fassiez. 30. J'aurai soin qu'il ait sa part. 31. Il est à désirer que tous les aspects de la question soient discutés [que l'on débatte la question sous toutes ses faces]. 32. Il est très possible qu'il l'ait fait. 33. Il est impossible qu'il m'ait trompé. 34. Je ne désire pas que d'autres aillent (là) où je suis allé. 35. L'ironie du sort voulut qu'il jouât un rôle important. 36. Attendez que mon travail soit achevé [fini]. 37. Nous serions fâchés que l'on ajoutât au nombre des articles sur lesquels on paye [acquitte] des droits. 38. Je ne pensais pas que vous viendriez. (Mais vous êtes venu, donc pas de subjonctif.) 39. Je ne savais pas qu'il était [fût,

§ 375] venu hier.   40. Je ne pense pas qu'il vienne [*fam.* viendra] aujourd'hui.

135

1. Qu'une heure de lecture n'ait dissipé. 2. Que je reçois. 3. Par ce qu'ils font et non par ce qu'ils disent. 4. Qui n'ait péri. 5. Qui sachent [*fam.* savent] manger. 6. Dont elle n'ait qu'à se louer. 7. Qui aient [*fam.* ont] peur. 8. Quoi que vous fassiez . . . ce qu'ils ont fait pour vous. 9. Que vous m'ayez [*fam.* m'avez] jamais adressée. 10. Où j'aperçois une enseigne. 11. Qu'elle put y trouver. (Éviter le subjonctif au passé historique.) 12. J'étais le seul ami qu'il eût. 13. La plus belle chose que je possédais. (Éviter ' possédasse.') 14. Je ne trouve que nous qui valions quelque chose. 15. Quoi qu'eussent pu faire ses parents. 16. Qui n'aient écoulé leur dernier dindonneau.

*136

1. J'ai un chauffeur qui connaît toutes les routes autour de Londres. 2. Je cherche un chauffeur qui connaisse les routes autour de Londres. 3. Voici un homme à qui vous pouvez vous fier. 4. Je n'ai pas un (seul) ami [pas d'ami] à qui [auquel] je puisse me fier. 5. On vient de me donner un conseil que je vais suivre. 6. Écrivez-lui une lettre d'excuses ; c'est le moins que vous puissiez faire. 7. L'insipidité est la dernière accusation qu'on puisse lancer contre elle. 8. Tous doivent également payer les impôts, quels que soient leur rang et leur naissance. 9. Voici la personne dont nous avions parlé. 10. Ce n'est pas la personne dont nous avions parlé. 11. Il n'y a pas [n'est pas] d'homme si pauvre qui ne puisse [qu'il ne puisse] contribuer au progrès dans une certaine mesure. 12. C'est dommage que les femmes ne soient pas ambassadeurs, parce qu'il y a [car il y a] fort peu de secrets qu'on [que l'on] parvînt à leur cacher. (*Cp.* Ex. 130. Sent. 1.) 13. Il n'y avait personne qui osât lui dire qu'elle était morte. 14. Quelle qu'en soit la cause, son talent baisse. 15. Quoi qu'il en soit, nous ne pouvons (pas) l'excuser. 16. De quelque façon qu'il agît [Quoi qu'il fît], il ne pouvait les satisfaire [les contenter]. 17. De quelque côté qu'ils regardassent, la mer était couverte de brisants. 18. Où qu'il soit [se trouve], il se conduit toujours bien. 19. Il n'a pas encore payé l'argent, que je sache. 20. La guerre était imminente, et cependant [pourtant] il y avait peu de gens qui s'en rendissent compte.

*137

1. Qui ressemblât : fait douteux, improbable (J'ai *pu* laisser échapper . . .).

2. Qui se fût fait : possibilité caractérisée comme ' improbable.'

3. Qu'un enfant puisse supporter : l'antécédent ' le maximum ' est en lui-même un superlatif.

4. Dont on se soit avisé : ' le moyen dont on se soit avisé le plus tard ' est équivalent, pour le sens, à ' le dernier moyen.'

5. ' Combien d'argent qu'il se fasse ' appartient au groupe de constructions concessives du § 383.

6. ' Pour médiocres que soient ' appartient aussi aux constructions concessives ; le sens est le même que ' Bien que ces voies ferrées soient médiocres.'

7. Qui me reléguât : fait ' allégué,' et contraire à la vérité.

8. Eût encore écrit : ' qui dépassait en ignominie ' équivaut à un superlatif : ' l'œuvre la plus ignominieuse que le maître eût encore écrite.'

138

1. Construisent : *indic*. 2. Partent : *subj*. 3. Brille : *indic*.
4. Sortent : *indic*. 5. Supportent : *subj*. 6. Naissent : *indic*.
7. Loge : *subj*. 8. S'en aperçoivent : *subj*. 9. J'insiste : *subj*.
10. Viennent : *subj*. 11. Change : *subj*. 12. Avance : *indic*.

139

1. Que nous ne croyons pas l'être. 2. Si bien que son père ne le reconnut pas. 3. Si petite qu'on l'aperçoit à peine. 4. Qu'on ne puisse y parvenir. 5. Qu'on ne puisse leur faire comprendre cela. 6. Qu'on ne le croit. 7. Qu'il ne m'ait fait des excuses. 8. Que je puisse vous voir. 9. Jusqu'à ce qu'enfin il devint millionnaire. 10. Jusqu'à ce que je revienne. 11. Sans qu'on eût rien décidé. 12. Tandis que Louis avait une blouse bleue. 13. Et qu'elle obscurcisse. 14. Qu'il s'agisse de lui-même. 15. Au cas où il en existât. (*Sic* Anatole France ; but ' où il en existerait ' is perhaps more usual.) 16. Mais vienne l'hiver. 17. Qu'il pleuve encore deux jours. 18. Qu'il ne fallait pas songer. 19. Qu'on ne pût s'en servir. 20. Qu'il s'agît de commander. 21. A moins que vous n'affectiez un luxe. 22. Qu'un homme fasse profession de tromper.

*140

1. Il s'en alla aussitôt [dès] qu'il m'aperçut [me vit]. 2. Il s'en alla [partit] avant que je pusse le voir. 3. Il restera à l'école jusqu'à ce que ses parents soient revenus [soient de retour] de l'étranger. 4. Je vous dis cela afin que vous compreniez ce que je compte faire. 5. L'exportation de la laine était prohibée [interdite], de peur [de crainte] qu'elle ne nuisît aux gains [profits] des manufactures anglaises. 6. Parlez un peu plus haut, (afin) que tous puissent vous entendre. 7. On ajouta au nombre des symboles, de façon [de manière] qu'il y eût un signe visible pour chaque voyelle. 8. Le café est trop chaud pour qu'on puisse le boire. 9. Il fait trop froid pour que vous sortiez sans (votre) pardessus. 10. Il n'a qu'à lire un passage une fois, pour qu'il soit imprimé à (tout) jamais sur son esprit. 11. Il a l'air si jeune qu'on le prend souvent pour un enfant. 12. Il n'est pas si jeune qu'il ne comprenne ce qui se passe. 13. Il plaça l'encrier en haut de la porte, de façon [de manière] qu'il tombât sur quiconque entrerait. 14. Il n'est pas si faible qu'on puisse l'attaquer impunément. 15. Je ne peux pas prononcer un mot sans que tout le monde rie [se mette à rire]. 16. Loin que nous nous moquions de vous, vous nous avez convaincus que vous avez raison. 17. Je le ferai que cela vous plaise ou non. 18. Supposé qu'il n'y ait pas de bateau, que ferez-vous ? 19. Vienne un jour de pluie et votre jolie robe sera perdue [gâtée]. 20. Bien que [Quoique] je sois un peu sourd, je vous entends très bien.

*141

1. Je consens à ce qu'elle sorte. 2. Il n'y aurait rien eu de choquant à ce qu'elle vous accompagnât. 3. Je ne m'attendais pas à ce qu'il fût déjà ici. 4. Je ne m'attendais guère à ce qu'il [qu'on] me posât [fam. pose] une pareille question. Je ne m'attendais guère à ce que vous me posiez (avoid ' posassiez ' !) une pareille question. 5. Il faudra veiller à ce que personne n'en sache rien. 6. Je ne suis pas accoutumé à ce qu'on me fasse attendre. 7. Il n'y aurait rien d'impossible à ce qu'il fût [soit] prisonnier en Allemagne. 8. Il se plaint de ce que vous n'avez pas tenu votre promesse. Il se plaint que vous n'ayez pas tenu. . . . 9. Elle s'étonne que personne ne soit venu. Elle s'étonne de ce que personne n'est venu. 10. Elle tenait absolument à ce que son petit chien l'accompagnât [fam. l'accompagne].

RÉVISION

142

1. Croyez-vous qu'on puisse s'instruire sans étudier ? (Or, if the question is merely ' rhetorical ' : Croyez-vous qu'on peut s'instruire . . .). 2. La patrie mérite que nous l'aimions. 3. L'âne crut qu'on l'adorait parce qu'on saluait les reliques qu'il portait. 4. Je veux qu'on soit sincère. 5. Je tremble qu'il n'ait soupçonné. . . . 6. Je ne supporterai pas que vous me manquiez de respect. 7. Vous et moi savons seuls que cette lettre a [ait] existé. 8. Je ne me serais jamais imaginé que je dusse troubler le repos d'une ville où je n'étais [ne suis] pas connu. 9. Sans que je m'en fusse [*fam.* sois] aperçue. 10. Qu'ils fussent dispersés ou rapprochés . . . je savais si le compte y était. 11. Quoi que vous écriviez. . . . 12. Bien que personne n'écoutât. 13. Il parlait si bien que tout le monde l'écoutait [l'écouta] sans bouger. 14. Selon que vous serez puissant ou misérable. . . . 15. Pour peu que la proie soit grosse. . . . 16. Le château ne nous paraît pas tel que nous puissions y loger. 17. En sorte que je ne vous attendais pas [ne vous ai pas attendu]. 18. Que personne ne t'aperçoive. 19. Il reculait à mesure que j'avançais. 20. Je voudrais te persuader qu'il est innocent. 21. Il n'était pas si sûr de lui qu'il ne se trompât jamais. 22. On ne donnera pas de phrases qui, isolées, fussent peu intelligibles. (Subjonctif de ' seraient ' : des phrases qui seraient peu intelligibles (§ 84.2 (*c*)) ne doivent pas être données.) 23. Je consens qu'une femme ait des clartés de tout. . . . J'aime que souvent aux questions qu'on fait elle sache ignorer les choses qu'elle sait. . . . Je veux qu'elle se cache, et qu'elle ait du savoir sans vouloir qu'on le sache.

*143

1. Ne faisons pas aux autres ce que nous ne voudrions pas que les autres nous fissent [*fam.* fassent] (à nous-mêmes). 2. Qui aurait pu croire que la mer [l'océan] dût devenir le meilleur moyen de communication entre les hommes ? 3. Je me rappelle qu'il est déjà venu ici. 4. Je ne me rappelle pas qu'il soit encore jamais venu ici. 5. Je suis enchanté que vous soyez de retour. 6. Je partirai demain, à moins que vous n'ayez encore besoin de moi. 7. Je ne savais pas qu'il était [fût, § 375] ici. 8. Pensez-vous qu'il vienne [*fam.* viendra] ? 9. Pourquoi criez-vous ?   Est-ce que vous croyez que je suis sourd ? 10. Par quel train pensez-vous qu'il viendra ? (His actual coming is

not in doubt.) 11. C'est un miracle qu'il n'ait pas été tué [qu'il ne se soit pas tué]. 12. Je ne peux pas vous conseiller sans que vous me disiez ce que vous avez déjà fait. 13. Je ne peux pas entreprendre votre défense à moins que vous ne me disiez toute la vérité. 14. Je n'ai pas un seul élève cette année dont on puisse dire qu'il soit (§ 390) vraiment intelligent. 15. Je serais peut-être venu si j'avais su que vous seriez [dussiez être] présent. 16. L'homme est le seul être qui ressente du remords quand il a fait le mal. 17. Il avait mis une barbe noire et des lunettes bleues [Il s'était affublé d'une barbe noire et de lunettes bleues], de sorte [de façon] que personne ne le reconnût. 18. Mais quand il parla il fut trahi par son accent, de sorte [de façon] qu'il fut reconnu tout de suite. 19. Il n'est guère probable que ces premiers navigateurs aient doublé le Cap. 20. Il avait résolu que, quelque profonde que fût la blessure, il vivrait devant le monde de telle façon que le monde ne verrait pas la blessure. 21. Ne restez [demeurez] pas ici, à moins que vous n'ayez juré de me faire mourir d'inquiétude. 22. Quoi qu'il arrive, souvenez-vous que vous trouverez toujours des amis et un abri dans ce pays.

144

L'on peut dire que le chien est le seul animal dont la fidélité soit à l'épreuve ; le seul qui connaisse toujours son maître, le seul qui, lorsqu'il survient un inconnu, s'en aperçoive ; le seul qui entende son nom et qui reconnaisse la voix domestique ; le seul qui, lorsqu'il a perdu son maître et qu'il ne peut le retrouver, l'appelle par ses gémissements ; le seul qui . . . se souvienne du chemin ; le seul enfin dont les talents naturels soient évidents. . . .

Si l'on considère que le chien de berger . . . est cependant supérieur . . . qu'il a un caractère décidé auquel l'éducation n'a point part, qu'il est le seul qui naisse . . . tout élevé, et que, guidé par le seul naturel, il conduit les troupeaux . . . tandis qu'il faut au contraire . . . on se confirmera dans l'opinion que ce chien est le vrai chien . . . celui qu'on doit regarder comme la souche. . . .

145

JEANNE D'ARC

Il fallait qu'elle quittât . . . ce petit jardin . . . où elle n'entendait que les cloches et où les oiseaux mangeaient dans sa main.

Jeanne ne nous a rien dit de ce premier combat qu'elle soutint.

Mais il est évident qu'il eut lieu et dura longtemps, puisqu'il s'écoula cinq années. . . .

. . . L'une voulait qu'elle restât dans l'obscurité . . . l'autre qu'elle partît et qu'elle sauvât le royaume. . . . Le père . . . jurait que si sa fille s'en allait . . . il la noierait plutôt . . . il fallait qu'elle désobéît . . . ceux qu'elle soutint contre les Anglais. . . .

. . . Il fallait qu'elle trouvât . . . quelqu'un qui la crût. . . . Elle obtint de lui qu'il allât demander . . . L'homme de guerre . . . lui dit qu'il n'y avait rien à faire. . . . Il fallut bien que son oncle l'accompagnât.

. . . Elle se fit mener chez Baudricourt, et lui dit avec fermeté "qu'elle venait vers lui . . . pour qu'il mandât au Dauphin . . . qu'il n'assignât point de bataille . . . parce que son Seigneur lui donnerait secours. . . ." Elle ajoutait que malgré les ennemis du Dauphin, il serait fait roi, et qu'elle le mènerait sacrer.

Le capitaine . . . soupçonna qu'il y avait là quelque diablerie.

Questions Indirectes

146

1. Je lui demandai s'il l'avait vu. 2. Je ne lui demandai pas s'il l'avait vu. 3. Je lui demandai ce qu'il avait vu. 4. Elle lui demanda s'il voulait [désirait] encore du thé. 5. Faites-moi savoir à quelle heure vous arriverez. 6. Je me demande s'il viendra. 7. Je me demande si c'est bien vrai. 8. Je me demandai(s) si c'était bien vrai. 9. Je n'ai pas besoin [Point n'est besoin] de vous demander si vous avez faim. 10. Personne ne sait où il peut (bien) être, ni ce qu'il peut être en train de projeter [ni quels projets il peut être en train de faire, d'ourdir, de méditer].

Suppositions

147

1. S'il était encore en vie [vivant], il serait bien heureux de les revoir. 2. S'il avait [eût] été encore en vie [vivant], il aurait été [eût été] bien heureux de les revoir. 3. Qu'auriez-vous fait [Qu'eussiez-vous fait], si l'on vous avait demandé [eût demandé] ce que vous aviez vu ? 4. Si mon pauvre Silvain avait vécu [eût vécu], il ne vous aurait [eût] jamais abandonné(e). 5. Si c'était vrai, je démissionnerais sur-le-champ [tout de suite]. 6. Si ç'avait été

[c'eût été] vrai, j'aurais démissionné [*hardly* j'eusse démissionné] sur-le-champ. 7. Les personnes (§ 173 *Note* 1), s'il s'en trouve [s'il y en a], qui ne comprennent pas encore la [cette] question, feront bien de lire le rapport du Comité [de la Commission]. 8. Si nous avions [eussions] su la vérité, nous n'aurions [n'eussions] jamais consenti à les aider [à les secourir].

*148

1. Si vous avez cette qualité, écriez-vous à la diable [quand vous écririez à la diable, lors même que vous écririez à la diable] comme Saint-Simon, vous serez écrivain.

2. ... Je ne le voudrais pas quand (même) nous aurions de quoi [alors même que nous aurions de quoi].

3. Madeleine n'aurait [n'eût]-elle pas vécu [Madeleine n'aurait pas vécu] ... (qu')elle mériterait encore. ...

Quand [Lors même que] Madeleine n'aurait [n'eût] pas vécu ... elle mériterait encore. ...

4. Je ne reculerais pas quand [lors même que] toute la gent chienne viendrait m'attaquer.

Toute la gent chienne viendrait(-elle) m'attaquer, que je ne reculerais pas.

*149

1. Je mourrais de faim qu'il ne me secourrait pas. Quand [Lors même que] je mourrais de faim, il ne me secourrait pas [ne viendrait pas à mon secours]. 2. Tout le monde vous abandonnerait-il, je resterai auprès de vous. Quand tout le monde vous abandonnerait, je resterai auprès de vous. 3. Serait-il [Fût-il] mon propre frère, je n'agirais pas autrement. Il serait mon propre frère que je n'agirais pas autrement. Quand il serait mon propre frère, je n'agirais pas autrement. 4. Eût-il été mon propre frère, je n'aurais pas agi autrement. Il aurait été [eût été] mon propre frère, que je n'aurais pas agi autrement. Quand il aurait été [eût été] mon propre frère, je n'aurais [n'eusse] pas agi autrement. 5. Aurait-il encore plus de défauts, je serais encore son ami. Il aurait encore ... que je serais encore. ... Quand il aurait ... je serais encore. ... 6. Il n'oserait pas le faire, quand même [lors même que] vous vous offririez à l'aider [vous offririez de l'aider].

Proposition Infinitive

150

1. J'entendis mon père rentrer. J'entendis rentrer mon père.
2. J'écoutais tomber la pluie. J'écoutais la pluie tomber.   3. Nous ne sentons pas tourner la terre.   4. Nous espérions pouvoir partir ce matin.   5. Il m'a promis de revenir.   6. Après avoir écrit *Phèdre*, Racine abandonna le théâtre.   7. Je l'ai vu sortir de chez lui.   8. Je pense qu'il viendra. (No change possible.)   9. Je ne savais pas être en retard.   10. Vous ne pensiez pas avoir deviné juste.   11. Je crois pouvoir vous aider.   12. J'espère qu'il n'est pas encore parti.   13. Il vient souvent sans avoir été invité.   14. Je me rappelle parfaitement vous avoir vu autrefois.   15. Je vous défends absolument de sortir.   16. Il espère vous revoir bientôt.   17. César dit que les Gaulois étaient superstitieux.   18. Vous êtes assez grand pour savoir ce que vous faites.   19. Il prétendait être très heureux.   20. Il avoue s'être trompé.   21. Il est temps de nous lever.   22. Je suis certain de réussir.   23. Il faut obliger tout le monde.   24. Il n'est pas toujours bon d'avoir un haut emploi.   25. On entend gronder le tonnerre.

*151

1. Vous n'êtes pas le premier à me le dire.   2. Il paraît que je suis le seul à n'en rien savoir.   3. Je ne trouve personne pour me venir en aide.   4. Je vous supplie de me laisser tranquille.   5. J'oubliais vous en avoir parlé.   6. Il courait à perdre haleine.   7. Je me sens devenir vieux.   8. Nous ne savions que faire.   9. Je vous empêcherai bien de partir.   10. Nous croyions être heureux.   11. Je ne me souviens pas de l'avoir jamais vu.   12. Il prétend que tout le monde peut être heureux.   13. Qui peut se vanter de ne pas redouter la calomnie ?   14. Il m'a promis qu'ils reviendraient tous.   15. Il ne reviendra pas avant d'en avoir été prié.   16. Il a été puni pour avoir été paresseux.   17. J'étais troublé au point de ne pouvoir rien répondre [de ne rien pouvoir répondre].   18. Il ne vient jamais nous voir sans apporter un petit cadeau.   19. Il m'en veut de n'être pas [de ne pas être] de son avis.   20. Pour n'être pas de votre taille, il n'en est pas moins aussi vigoureux que vous.   21. A raconter ses maux souvent on les soulage.   22. A vaincre sans péril on triomphe sans gloire.   23. Prenez garde de vous cogner.   24. Il faut vous contenter de peu.

152

1. Il faut aller les voir avant de partir. 2. Il faut aller les voir avant qu'ils (ne) partent. 3. Après les avoir vus, il m'écrivit longuement [m'écrivit une longue lettre]. 4. Je n'attaquerai pas à moins d'y être obligé. 5. J'avoue avoir eu tort. 6. J'avoue que vous n'auriez pas pu agir autrement. 7. Je répondis que je viendrais le lendemain. 8. Je crois l'avoir entendu. 9. L'homme pensa [pensait] rêver. 10. Je voudrais bien avoir [posséder] une fortune. 11. Je voudrais bien pouvoir vous aider [vous secourir]. 12. Il fit feu avant de voir [de s'apercevoir] qu'ils agitaient un mouchoir. 13. Écoutez afin d'entendre. 14. Je voudrais bien vous voir à ma place ! — Je voudrais bien y être, à la vôtre ! (In the answer, the stress is on ' were ' ; this can only be achieved in French by a dislocation, cf. § 322.2.) 15. Ses parents voulaient [désiraient] qu'il entrât [le voir entrer] dans un bureau. 16. Il choisit le morceau qu'il pensa être le meilleur. 17. C'était trop évident pour qu'elle le niât. 18. Le duc demanda à Blücher et au général Gneisenau ce qu'ils désiraient qu'il fît [fam. fasse]. 19. La coutume [L'usage] du village, c'est que quelques enfants [jeunes garçons] mènent paître le bétail [les bestiaux]. 20. Beaucoup de critiques militaires ont trouvé que la position de Waterloo convenait admirablement à l'intention qu'avait le duc de protéger Bruxelles. 21. Je veux bien accepter le poste [la position] à condition d'avoir toute liberté d'agir [une entière liberté d'action]. 22. Je vous envoie un nouveau casaquin à essayer [pour que vous l'essayiez]. 23. J'espère travailler encore vingt ans, à moins qu'on ne me laisse une fortune [à moins d'hériter d'une fortune]. 24. Il me faudra travailler comme tout le monde, à moins.... 25. Je sais que l'histoire est vraie. 26. Voici une histoire que je sais être vraie. 27. Le chien ne vit [ne voyait] aucune raison d'aboyer. 28. J'aime beaucoup qu'on me fasse la lecture. 29. Je lui persuadai de le faire. 30 À pas feutrés, de peur [de crainte] de l'éveiller, elle se mit à ranger la chambre.

PROPOSITION PARTICIPE

153

1. Rentré chez lui, il relut.... 2. Une dame assise à côté de moi.... 3. Ne pouvant (pas) attendre plus longtemps, je laissai ... 4. Ayant besoin de moi.... 5. Ayant des bagages à faire

enregistrer, j'aurais dû. ... 6. Je regardais les abeilles visitant les fleurs, se chargeant de butin, et rentrant à la ruche. 7. Un riche laboureur, sentant sa fin prochaine. ... 8. La mer, mugissant à nos pieds. ... 9. N'ayant pas reçu de réponse. ... 10. Ne sachant que faire. ... 11. L'artillerie, prévenue, établit. ... 12. Ma compagnie, n'ayant pas été prévenue. ... 13. L'enfant, voulant voir. ... 14. Il s'était baigné, quoique ayant chaud.

154

1. Mon tour arrivé, je me levai. ... 2. (Dès) la paix conclue, les affaires. ... 3. Son oncle demeurant à Paris. ... 4. L'hiver approchant, nous allons. ... 5. Nos invités (une fois) arrivés, nous. ... 6. Votre livre étant retrouvé. ... 7. Le père mort, les fils. ... 8. Vous partis, j'ai perdu. ... 9. Perrin ... la gruge, nos deux messieurs le regardant. 10. Tout le monde ayant défilé, il entra. ...

155

1. Espérant vous voir demain, je ne vous écris que quelques lignes. 2. Arrivés le matin, nous repartîmes le soir [dans la soirée]. 3. Pensant qu'il avait fini, je criai " Bravo ! " 4. N'ayant plus rien à faire, je rentrai chez moi [à la maison]. 5. Arrivés sur les lieux [à l'endroit désigné], ils se mirent à l'œuvre sans perdre de temps. 6. Se sentant fatiguée, elle se coucha [monta se coucher] de bonne heure. 7. Aussitôt remis, je partis pour l'Algérie.
8. Toutes les portes ayant été fermées [Toutes portes closes], il nous raconta ce qui était arrivé. 9. Les yeux bandés, elle compta jusqu'à vingt. 10. Leur geôlier s'étant endormi, ils s'échappèrent. 11. Ses bottines [chaussures] étant mouillées, je lui prêtai une paire de pantoufles. 12. Le perroquet une fois échappé de sa cage, il était fort [très] difficile [malaisé] de le rattraper. 13. Ceci fait, nous rentrâmes à la maison [chez nous]. 14. Aucun membre de l'équipage n'ayant survécu, la cause de la catastrophe ne sera jamais connue. 15. Les fenêtres donnant au midi, ma chambre était très chaude en été. 16. Demain étant dimanche, le bureau de poste sera fermé [la poste sera fermée]. 17. Le maître ne s'étant aperçu de rien, quelqu'un toussa pour lui faire lever la tête. 18. N'ayant pas compris un mot, je restai muet.

156

1. La promenade est un bon exercice. 2. Aimez-vous la boxe ? — Non, je préfère l'escrime. 3. D'abord viennent les dettes, puis les mensonges. 4. Il commanda de cesser le feu. 5. Pourquoi tous ces cris ? 6. L'accident fut causé [provoqué] par la rupture du frein. 7. J'ai renoncé aux protestations. 8. La chasse à l'ours était un sport dangereux. 9. La fonte des neiges enfle les rivières. 10. L'inondation des champs nuit aux récoltes.

157

1. Ils avancèrent [s'avancèrent] sans nous voir. 2. Il n'y a pas à sortir de là. 3. Rien ne sert d'en parler. 4. Il n'y a pas à nier son talent. 5. Il n'y avait pas à se méprendre sur ses intentions. 6 Il éclata de rire. 7. Avez-vous fini de discuter la question ? 8. Je ne peux pas éviter de le rencontrer. 9. Continuez à [de] travailler. 10. Finissez [Cessez] de la taquiner ! 11. Je veux bien essayer. 12. J'aime à me lever de bonne heure. 13. Que pensez-vous faire ? 14. Je n'ai pas pensé à le lui dire. 15. J'ai été occupé à écrire toute la journée. 16. Les troupes indigènes étaient accoutumées à voir répandre le sang. 17. Les arbres nous empêchaient de voir ceux qui nous poursuivaient, et les empêchaient aussi de nous voir [et nous dérobaient aussi à leur vue]. 18. Ce n'est pas la peine de prétendre que vous étiez éveillé, parce que [car] je sais que vous ne l'étiez pas. 19. L'article entier a besoin d'être revu. 20. Il finit par faire des excuses.

158

1. Dans le cas où ce serait impossible, vous ferez [agirez] pour le mieux. 2. Lorsque je lui demandai s'il souffrait beaucoup, il secoua la tête. 3. Enfin arriva la nouvelle que les Français avaient remporté la victoire. 4. Il n'aime pas qu'on le fasse attendre. 5. Vous pouvez compter que je serai à l'heure. 6. Une semaine se passa sans que l'on reçût de ses nouvelles. 7. Je ne peux pas concevoir qu'il le permette. 8. Il n'y a pas de risque qu'on les rattrape. 9. Il fut surpris que quelqu'un lui parlât [lui adressât la parole]. 10. Cela ne vous fait rien que je vous parle ainsi ? 11. Lorsque nous frappâmes, la porte fut ouverte à l'instant [sur-le-champ] par un

domestique indou. 12. Y a-t-il aucune chance que quelqu'un sache la vérité? 13. Je n'aime pas [Cela ne me plaît pas] que vous rentriez si tard. 14. C'était le signal qu'il avait vaincu [qu'il avait eu le dessus]. 15. Je n'avais aucune idée que vous fussiez [étiez] dans ce pays.

159

·1. Ce n'est qu'en essayant que vous réussirez. 2. En nous associant nous pouvons accomplir beaucoup. 3. Rien qu'en nous racontant votre histoire vous nous avez beaucoup appris. 4. Il entra en tremblant. 5. Il se rassit en grommelant [en ronchonnant]. 6. Ils partirent en chantant. 7. Le chat se frotta contre moi en bombant [arquant] le dos. 8. Tout en vous flattant, il se moque de vous derrière votre dos. 9. Tout en époussetant la pièce elle ne perdait pas un mot de la conversation. 10. Tout en se montrant très sévère, il les aimait beaucoup.

*160

1. Sa nouvelle maison se bâtit [est en train de se bâtir, d'être bâtie]. 2. L'accident était entièrement dû à ce que Tuba était parti [s'était mis en route] sans avoir déjeuné. 3. Cela complique les choses que ce soit aujourd'hui dimanche. Le fait que c'est aujourd'hui dimanche complique les choses. 4. Votre départ ne nous aidera guère. Cela ne nous aidera guère que vous vous en alliez [si vous vous en allez]. 5. Il est toujours à la taquiner. 6. J'ai renoncé à essayer de le convaincre. 7. Si une chose vaut la peine qu'on la fasse, elle vaut la peine qu'on la fasse bien. 8. Ses essais valent bien la peine qu'on les imprime [sont dignes de l'impression, d'être imprimés]. 9. Ses aventures ne perdaient rien à être racontées. 10. Les événements d'aujourd'hui sont [, c'est] l'histoire en train de se faire. 11. Je ne veux pas d'un mari choisi par mes parents [qu'auront choisi mes parents]. 12. Les peuples libres obéissent à des lois qu'ils ont faites eux-mêmes, et à des souverains de leur propre choix. 13. Vous allez manger des asperges que j'ai plantées moi-même. 14. Le bruit courait que Marthe devait [allait] épouser le fils d'un fermier du voisinage. 15. Quand on essaie de faire trop de choses à la fois (il en résulte que) rien ne se fait bien [rien n'est bien fait]. 16. Le ralentissement du train coupa court à ses réflexions. 17. Frédéric avait déjà accepté la couronne, de peur que Jacques ne s'y opposât. 18. Il faut m'excuser de partir si vite [d'être parti si vite]. 19. Cela ne valait pas la peine que vous y

alliez. (Avoid 'allassiez' !) 20. Il n'est pas accoutumé à ce qu'on lui parle carrément [franchement]. 21. Le plus difficile, quand on est pauvre, c'est d'essayer d'épargner [de mettre quelque chose de côté] tout en dépensant autant que les riches. 22. Le dîner se prépare.

ORDRE DES MOTS

Mise en Valeur du Mot

161

1. C'est pour vous que votre père travaille, mes enfants. 2. Ce n'est pas moi qui l'ai dit. 3. C'est une excellente habitude que de savoir écouter. 4. C'est une douce chose que de soulager son prochain. 5. Ce n'est pas pour me défendre que j'ai demandé la parole. 6. C'est une honte (que) de trahir sa patrie. 7. C'est en forgeant qu'on devient forgeron. 8. C'est à vous que je parle, ma sœur. 9. C'est au printemps qu'il faut voir l'Attique. 10. Est-ce hier qu'il est revenu ? 11. Est-ce pour avoir ri en classe qu'il est puni si sévèrement ? 12. Ce n'est pas à la faveur que je dois mon avancement. 13. Ce fut son père qui répondit. 14. C'est [C'était] son père qui avait répondu. 15. C'est [Ce sera] son père qui répondra. 16. Ce n'est pas une grande affaire (que) de survoler la Manche.

162

1. Moi, je ne l'ai pas dit. Je ne l'ai pas dit, moi. 2. Survoler la Manche, ce n'est pas une grande affaire. 3. Des compliments, je n'en veux pas. Je n'en veux pas, de compliments. 4. Qu'elle vous accompagne, je n'ai rien à y redire. 5. Des promesses, vous m'en avez fait assez. Vous m'en avez fait assez, de promesses. 6. Vous, cela ne vous fait rien. Cela ne vous fait rien à vous. 7. Le bateau, personne n'y pensait. Personne n'y pensait, au bateau. 8. L'Attique, il faut la voir au printemps. Il faut la voir au printemps, l'Attique.

*163

1. Il nous a très bien traités, Jones. 2. Toi, tu es un méchant petit garçon ! 3. Aller se coucher, il ne fallait pas y penser. 4. C'est lui qui l'a fait, (ce n'est) pas moi. 5. Ce n'est pas l'or, mais le [un] travail agréable, qui nous rend heureux. 6. Qui M. Durant pouvait

bien être, personne ne le savait [n'en savait rien], et personne
n'en avait cure. 7. Ces livres-là, je ne les ai jamais lus. 8. Ces
choses-là, il n'y pense jamais. Il n'y pense jamais, à ces choses-là.
9. Il n'avait jamais manié une épée, et les pistolets [et quant aux
pistolets], il ne les aimait pas. 10. Elle, vous pouvez vous y fier,
mais à lui pas. 11. La date exacte, je ne m'en souviens pas [je
ne me la rappelle pas], mais c'était avant la Guerre. 12. Est-ce
dans l'armoire ou dans le buffet que vous avez pris cette bouteille ?
13. Est-ce vous qui avez pris la bouteille ? 14. C'est un habile
homme que Jones. 15. C'est à votre père que vous ressemblez, pas
[non, non pas] à votre mère. 16. Ce n'est pas vous que je viens
voir, c'est votre fille. 17. " Vous devriez vous souvenir, dit le
maître à l'élève, que c'est de la poésie que vous traduisez.—Ce n'est
pas de la poésie quand c'est moi qui la traduis," répondit l'élève.
18. M. Winter s'était retiré des affaires. Son argent, suffisant pour
qu'il pût vivre des rentes qu'il en retirait, il l'avait accumulé à
Hastings, et c'est là que Ruth avait été élevée [avait fait ses études].

ADVERBES, ETC.

164

1. Je n'ai rien fait. Ne rien faire. 2. Il n'a jamais lu. Ne
jamais lire. 3. Vous n'avez point souffert. Ne point souffrir.
4. Tu as toujours eu raison. Toujours avoir raison. Avoir toujours raison. 5. Vous avez assez dormi. Assez dormir. 6. Ils ont
agi sagement. Agir sagement. 7. Je le lui ai dit doucement. Le
lui dire doucement. 8. Vous nous avez accusés faussement [fausse-
ment accusés]. Nous accuser faussement. 9. Je ne l'ai plus fré-
quenté. Ne plus le fréquenter. Ne le plus fréquenter. 10. J'ai
tout avoué. Tout avouer. 11. Elle n'a rien vu. Ne rien voir.
12. On les a mieux entendus. Les mieux entendre. Mieux les
entendre. 13. Il leur a tout dit. Leur tout dire. Tout leur dire.
Leur dire tout. 14. Il a mal agi. Mal agir. 15. Il est arrivé
dimanche. Arriver dimanche.

165

1. Cet enfant arrive toujours en retard. 2. Il y a dans cette
région de bien jolis paysages. 3. J'ai la mauvaise habitude d'écrire
trop vite. 4. Observez attentivement ce qui se passe. 5. Il viendra
probablement nous voir. 6. Cet enfant est si bavard ! 7. Avez-
vous déjà visité cette région ? 8. Hier le malade était beaucoup

mieux. 9. Cet anneau est solidement attaché [attaché solidement]
au mur. 10. Vous n'êtes pas assez fort. 11. Arrivera-t-il bientôt ?
12. Je lui ai tout dit. 13. Peut-être a-t-il pénétré. . . . Il a pénétré
plus loin peut-être . . . qu'aucun autre explorateur peut-être.
14. Pourtant, je vous avais dit. . . . Je vous avais pourtant dit. . . .
Je vous avais dit pourtant. . . . 15. Malheureusement, le conducteur. . . . Le conducteur, malheureusement, n'avait pas. . . .
16. Mon trouble est tel que j'essayerais en vain de le cacher. 17. Il
aurait consenti si j'avais pu lui parler auparavant. 18. Le vieillard
se montra médiocrement aimable.

*166

1. Je rentre toujours à sept heures. 2. Je n'avais jamais entendu
parler de cela [jamais appris cela]. 3. Je ne l'ai pas encore vu.
4. Il reste encore beaucoup à faire. 5. Il me semble le voir encore.
6. Je sais fort [très] bien qu'il ne désire pas me rencontrer [se rencontrer avec moi]. 7. Une si belle journée, un si beau spectacle,
et si peu de gens ! 8. Je ne peux pas aller si loin à pied ; cela me
fatiguerait trop. 9. Je n'aurais pas pu aller si loin à pied ; cela
m'aurait trop fatigué. 10. Son livre est de beaucoup le plus intéressant. 11. Il demeure tout près (d'ici) [tout à côté]. 12. Je ne
savais trop [guère] que dire. 13. Je rentre tout droit chez moi [à
la maison]. 14. Tout va bien ici. 15. Peu de temps après il décida
de partir pour l'Amérique.

INTERROGATION

167

1. Quand partez-vous ? 2. Quand votre père revient-il ? Quand
revient votre père ? 3. Quand vos parents sont-ils revenus ?
4. Où allez-vous ? 5. D'où (re)venez-vous ? 6. Pourquoi étiez-
vous à Paris ? 7. Pourquoi votre père était-il à Paris ? 8. Depuis
quand votre père est-il de retour ? 9. Qui (est-ce qui) vous a
donné cela ? 10. De quel instrument joue-t-il ? De quoi joue-
t-il ? 11. Avec quoi fait-on le fromage ? 12. En faisant quoi
devient-on forgeron ? 13. Pourquoi Jean est-il absent ? 14. A
quelle heure dînez-vous ? 15. A quoi les élèves jouent-ils le samedi ?
16. Qu'est-ce (que c'est) qu'un cric ?

168

1. Dites-moi quand vous partez.   2. Dites-moi quand revient votre père [quand votre père revient].   3. Dites-moi quand vos parents sont revenus.   4. Dites-moi où vous allez.   5. Dites-moi d'où vous (re)venez.   6. Dites-moi pourquoi vous étiez à Paris.   7. Dites-moi pourquoi votre père était à Paris.   8. Dites-moi depuis quand votre père est de retour.   9. Dites-moi qui vous a donné cela.   10. Dites-moi de quel instrument [de quoi] il joue.   11. Dites-moi avec quoi on fait le fromage.   12. Dites-moi en faisant quoi on devient forgeron.   13. Dites-moi pourquoi Jean est absent.   14. Dites-moi à quelle heure vous dînez.   15. Dites-moi à quoi les élèves jouent le samedi.   16. Dites-moi ce que c'est qu'un cric.

169

I

1. Qui était Jeanne d'Arc ?   Que savez-vous de Jeanne d'Arc ?   2. Où et en quelle année naquit-elle ?   3. Comment appelle-t-on la longue période de guerre qu'eut à souffrir la France à cette époque ?   4. Où se trouve Domrémy ?   5. Qu'est-ce que la Lorraine ?   6. Quelle était la condition de Jeanne d'Arc ?   7. Comment passait-elle ses journées ?   8. Qu'est-ce qu'une quenouille ?   9. Pourquoi file-t-on la laine ?   10. Est-ce qu'on file à la quenouille aujourd'hui ?   11. Qu'est-ce que la veillée ?   12. De quoi parlait-on à la veillée dans ce temps-là ?   13. Par qui la France était-elle occupée à cette époque ?   14. Où se trouve Orléans ?   15. Qu'est-ce que Jeanne crut entendre un jour ?   16. Où se trouvait le roi pendant le siège d'Orléans ?   17. Qu'est-ce que Jeanne devait lui demander ?   18. Racontez la vie de Jeanne d'Arc.

II

1. Qu'est-ce qu'un couvreur ?   2. Où était monté le couvreur ?   3. Quels édifices ont un clocher ?   4. Quel accident arriva au couvreur ?   5. Qu'arrive-t-il le plus souvent lorsqu'on tombe d'un clocher ?   6. Comment se fait-il que le couvreur ne se soit pas tué ?   7. Quel fut le sort du malheureux passant ?   8. Pourquoi le couvreur fut-il attaqué en justice ?   9. Le couvreur était-il vraiment coupable ?   10. Quelle solution les juges proposèrent-ils ?   11. Pourquoi ce jugement mit-il fin au procès ?   12. Si vous aviez été le juge, quel jugement auriez-vous rendu ?

170

1. Qui inventa [a inventé] le téléphone ? 2. Qui fut brûlé (§ 200.1 *Note*) à Rouen en 1431 ? 3. Quel est le chemin de la gare, s'il vous plaît ? 4. Lequel donne (le) plus de chaleur, un grand feu ou un petit ? Lequel donne le plus de chaleur d'un grand feu ou d'un petit ? 5. Laquelle est la plus grande, une selle de bicyclette ou une selle ordinaire ? Laquelle est la plus grande d'une selle de bicyclette ou d'une selle ordinaire ? 6. Lequel vaut mieux, pleurer ou rire ? Lequel vaut mieux de pleurer ou de rire ? 7. Quelle lettre vient [Quelle est la lettre que vient] entre A et C ? 8. Qu'est-ce qui fait tourner les ailes d'un moulin à vent ?

9. Parlez-vous français ? Est-ce que vous parlez français ? 10. Combien de lettres y a-t-il dans l'alphabet anglais ? 11. Avec quoi écrivons-nous [écrit-on] ? 12. Que font quatre et quatre ? 13. Que nous faut-il quand nous voulons coudre ? 14. De quoi nous servons-nous [se sert-on] pour enfoncer un clou ? 15. Pourquoi se sert-on d'une serviette (de toilette) ? Quel est l'usage d'une serviette ? 16. Quelle est la couleur du ciel ? 17. Comment appelle-t-on le mois qui vient après septembre ? 18. Que fait-on quand on se mouille ? 19. Aimez-vous ou n'aimez-vous pas le café ? 20. Où allons-nous quand nous voulons prendre le train ?

21. Une pierre est-elle dure ou molle ? 22. Cela vous ennuie-t-il [déplaît-il] d'être admiré(e) [qu'on vous admire] ? 23. Est-ce que le fer flotte sur l'eau ? Le fer flotte-t-il . . . ? 24. Pourquoi les bois sont-ils frais et agréables en été ? 25. Est-ce que les oiseaux bâtissent [Les oiseaux bâtissent-ils] toujours leurs nids dans les arbres ? 26. Pourquoi l'orthographe anglaise [de l'anglais] est-elle si difficile ? 27. En quelle année Jeanne d'Arc fut-elle brûlée à Rouen ? 28. Est-ce que Shakespeare est vivant aujourd'hui ? Shakespéare vit-il encore aujourd'hui ? 29. En quelle année mourut-il ? 30. Qu'est-ce (que c'est) qu'un gramophone ?

31. Savez-vous qui inventa le téléphone ? 32. Dites-moi ce qui fait tourner les ailes d'un moulin à vent. 33. Je ne sais pas si vous parlez français. 34. Dites-moi de quoi on se sert pour enfoncer un clou. 35. Je me demande ce qu'ils font quand ils se mouillent. 36. Dites-moi pourquoi les bois sont frais et agréables en été. 37. Je ne peux pas me rappeler en quelle année mourut Jeanne d'Arc. 38. Dites-moi si Shakespeare est encore vivant aujourd'hui. 39. Qui (est-ce qui) sait en quelle année il mourut ? 40. Qui sait en quelle année mourut Shakespeare ? 41. Je me demande si vous savez ce que c'est qu'un gramophone.

INVERSIONS

171

1. Ainsi parla notre vénéré maître.   2. " Entrez," cria-t-elle.
3. " Ce n'est pas de ma faute ! " répondit Julie en pleurant.   4. C'est
là une question en dehors de notre étude.   Se sont d'ailleurs appliqués à sa résolution tous ceux qui ont tenté la remise en place des
fragments épars de la pensée de Nietsche.   5. Vient ensuite le tam-
bour major, suivi de la musique du bataillon.   6. Il a reçu l'argent,
Reste à savoir ce qu'il va en faire.   7. Bientôt arriva l'hiver, dur
aux pauvres.   8. Superbe est la ceinture de jardins et de terres
irriguées de Maureillas.   9. A gauche, sur son piédestal énorme,
surgit le donjon de Polignac.   10. Nous vivons comme vivaient nos
pères.   11. De là une ambition qui peut paraître sans bornes, comme
est sans réserve l'esprit de sacrifice et de dévouement à la nation.
12. Chicago s'étend à perte de vue. [A perte de vue s'étend Chicago],
avec ses toits plats d'où s'échappent des fumées.   13. Il faut peu
d'apprêts aux mets qu'assaisonnent l'abstinence et la faim.   14. Si
frustes que soient quelques hommes, ils ont parfois de touchantes
inspirations.   15. Peut-être pourrons-nous nous arrêter à Paris.
16. Peut-être la venue du printemps lui rendra-t-elle la santé.
17. A peine le curé était-il rentré qu'il fut appelé auprès d'un
malade.   18. Au moins votre ami aurait-il dû nous prévenir.   19. Le
pont était si étroit qu'à peine pouvait-on y passer.   20. Le dénoue-
ment de la pièce est imaginé.   Aussi l'auteur s'est-il trouvé à l'aise
pour y mettre du sublime.   21. Aussi ne tarda-t-il pas à sortir.
22. Voilà ce que je lui conseillai, et ainsi fit-il.   23. Tels sont les
effets de l'alcool sur l'intelligence.   24. De là viennent tous vos
tourments.   25. Là se rencontre toute la lie de la population.
26. Du moins est-il indispensable que vous lui écriviez.

POSITION DE L'ADJECTIF ÉPITHÈTE

172

1. Une employé capable.   2. Cet ennuyeux contretemps.   3. Une
histoire ennuyeuse.   Une ennuyeuse histoire.   4. Un angle obtus.
5. Un thermomètre centigrade.   6. Une jeune fille au teint blanc
et rose.   7. Un homme affairé et pressé.   8. Un petit homme ventru.
9. Des hommes résolus et expérimentés.   10. Une glorieuse victoire.   11. Un riche propriétaire.   12. Des parents riches.   13. Une

petite maison neuve.   14. Une personne agréable.   15. Cette agréable personne.   16. Quelle agréable surprise !
   17. Entendre un léger bruit.   18. Être condamné à une peine légère.   19. Faire un maigre dîner dans une mauvaise auberge. 20. Faire des repas maigres pendant le carême.   21. Importer des matières premières.   22. En revenir à sa première idée.   23. Multiplier deux nombres premiers.   24. Manger une pomme verte. 25. S'attirer une verte semonce.   26. Admirer les vertes prairies qui bordent la Seine.   27. Boire du vin pur.   28. Faire une faute par pure inadvertance.   29. Boire un bon bouillon bien chaud. 30. Être aidé par un gentil petit garçon complaisant et intelligent.

173

   1. Ça a été un rude travail !   2. C'est un homme rude, mais de cœur droit.   3. C'était le dernier dimanche avant Noël.   4. Il est revenu dimanche dernier.   5. Une grande fille rousse vint m'ouvrir la porte.   6. Des amis ardents et passionnés sont rarement des juges impartiaux.   7. Un homme riche s'apitoya sur mon triste sort, me dit quelques bonnes paroles, et me donna de quoi m'acheter du pain et un vêtement chaud.   8. Ce touchant usage indique chez les fermiers norvégiens un cœur compatissant.   9. Des serpents verts, des hérons· bleus, des flamants roses, de jeunes crocodiles, s'embarquaient passagers sur ces vaisseaux de fleurs.   10. Il dort en plein jour.   11. Une bourse pleine rend la vie facile.   12. Ce sont des gens pauvres, mais honnêtes.   13. Ces pauvres blessés étaient d'honnêtes paysans du centre de la France.   14. C'est une riche idée qu'il a eue là !   15. Voici des soirs pourpres l'heure calme et sereine.   16. Nous avons là une bien jolie petite fille.   17. La grande fête printanière va commencer aux champs.   18. L'espérance égayait encore la bonne humeur habituelle, la simplicité héroïque quotidienne des marins.   19. La liberté générale fera naître une fraternité universelle.   20. Les rois préfèrent la vanité flatteuse au dévouement sévère.   21. Une molle vapeur efface les chemins.   22. J'étudiais dans une petite chambre contiguë au salon.

ETUDE DE LA PHRASE

La Proposition Simple

174

1. (a) J'arrive à temps. Je suis arrivé à temps. (b) J'arriverai
à temps. (c) Arrive(z) à temps. (e) Puissé-je arriver à temps !
Pourvu que j'arrive à temps ! (f) Pussé-je être arrivé à temps !
Que ne suis-je arrivé à temps ! Si seulement j'étais arrivé à temps !

2. (a) Il fait beau temps. Il a fait beau temps. (e) Puisse-t-il
faire beau temps ! Pourvu qu'il fasse beau temps ! (g) Comme il
fait beau temps ! Quel beau temps il fait !

3. (a) Il me passe le journal. Il m'a passé le journal. (c) Passez-
moi le journal. (d) Veuillez (bien) me passer le journal. Voudriez-
vous (bien) me passer le journal ? Si vous vouliez bien me passer
le journal, monsieur.

4. (a) Je n'oublie pas de le prévenir. Je n'ai pas oublié de le
prévenir. (b) Je n'oublierai pas de le prévenir. (c) N'oubliez pas
de le prévenir. Que l'on n'oublie pas de le prévenir. (e) Pourvu
qu'on n'oublie pas de le prévenir !

5. (a) Vous êtes bien aimable de m'inviter. Vous avez été bien aimable de m'inviter. (g) Comme (Que) vous êtes aimable de m'inviter !

6. (a) Il est encore en vie. Il était encore en vie. (e) Puisse-t-il
être encore en vie ! (f) Pût-il être encore en vie ! Que n'est-il
encore en vie ! Ah ! s'il était encore en vie !

7. (a) Je le revois avant de mourir. Je l'ai revu avant de mourir.
(b) Vous le reverrez avant de mourir. (e) Puissé-je le revoir avant
de mourir ! Pourvu que je le revoie [que je puisse le revoir] avant
de mourir ! (f) Plût à Dieu que je l'eusse revu avant de mourir !
Si j'avais pu le revoir avant de mourir ! Que ne l'ai-je revu avant
de mourir !

8. (a) Je suis encore vigoureux. J'étais encore vigoureux.
(f) Ah ! si j'étais encore vigoureux ! Que ne suis-je encore
vigoureux ! (g) Comme vous êtes encore vigoureux !

9. (a) Il ne nous interrompt pas. Il ne nous a pas interrompus.
(b) Il ne nous interrompra pas. (c) Ne nous interrompez pas.
(d) Veuillez bien [Si vous voulez bien] ne pas nous interrompre.

10. (a) Il exauce nos vœux. Il a exaucé nos vœux. (b) Il exaucera
nos vœux. (c) Exaucez nos vœux ! (e) Puisse-t-il exaucer nos vœux !
(f) S'il avait exaucé nos vœux ! (g) Comme il a exaucé nos vœux !

*175

1. Ces petits polissons-là, ils sont toujours les mêmes ! 2. Il n'y a rien de plus facile que de se tromper. 3. Dans cette prison il n'y a pas [on ne voit pas] un brin d'herbe, il n'entre pas un rayon de soleil. 4. C'est un tableau charmant que.... 5. Quel est le moyen qu'il soit.... 6. Il faut mettre [faire] le devoir avant tout. 7. Nulle société n'est possible sans le devoir, car, sans lui, il n'y a nul lien entre les hommes. 8. C'est un pays peu visité.... 9. Prendre des précautions, se garder, à quoi est-ce [à quoi cela serait-il] bon ? 10. Celui qui est diseur de bons mots a mauvais caractère. 11. C'est M. Cornuel. — Cornuel ? Je ne le connais pas. C'est un nom que je ne connais pas. 12. Voulez-vous encore un peu de fromage ? — Non merci, je ne veux plus rien. 13. Donnez-nous la paix ! Ne dites pas un mot de plus ! 14. Si vous n'avez point d'argent, vous n'aurez point de Suisse.

*176

1. Rien de plus gai que ces petites villes du Midi. 2. A cœur vaillant rien d'impossible. 3. Impossible de lui arracher un mot de plus. 4. Silence ! 5. A boire ! 6. Feu ! 7. Au feu ! 8. Bon voyage ! 9. Grâce ! 10. Rien de neuf. 11. Bonne nuit, madame. 12. A votre santé ! — A la vôtre !

AFFIRMATION ET NÉGATION

177

1. Est-ce que vous venez aussi ? — Oui. Non. Un peu ! Certainement [Parfaitement]. Naturellement. Pour sûr [Bien sûr] ! Oui vraiment [Mais oui] ! Je pense que oui [Je le pense]. Je pense que non [Je ne pense pas]. Non vraiment [Bien sûr que non] ! Pourquoi pas ?

2. Est-ce que vous ne venez pas aussi ? — (Mais) si ! Je pense que si. Hélas non ! Peut-être pas [Peut-être que non].

3. Vous n'êtes pas bien. — Je vous assure que si. Non vraiment ! Mais si ! Pardon, je vais très bien !

4. Je l'ai fait non sans difficulté.

5. Il demeure non loin de vous, n'est-ce pas ? — Je pense que oui.

6. Je vous dérange, n'est-ce pas ? — Pas du tout ! Certainement pas [Non certes] !

7. Ce sont les Écossais, et non (pas) les Anglais, qui sont venus ici les premiers.

8. Que les Anglais soient venus les premiers ou non [*fam.* pas], ils sont ici [ils y sont] maintenant, n'est-ce pas ?

178

1. Il n'arrive pas. 2. N'a-t-il pas fini ? Est-ce qu'il n'a pas fini ? 3. Le boucher ne vous a pas mal servi. 4. N'étant pas responsable, ce n'est pas à moi de réparer cette erreur. 5 Il ne faut pas vous hâter. 6. Est-ce que vous ne savez pas s'il viendra ? 7. Ne pas entrer sans frapper.

8. Il n'est pas toujours là. Il n'est jamais là. 9. Il n'est pas encore reparti. 10. Je n'ai rien appris d'intéressant. 11. Je n'en ai plus guère. 12. Les petites fées ne revinrent plus (jamais). 13. Je ne connais personne qui puisse vous renseigner. 14. C'est un livre qu'on ne trouve nulle part. Ce n'est pas un livre qu'on trouve partout. 15. C'est un livre qu'on ne trouve plus nulle part.

179

1. Il ne travaille guère [Il ne fait pas grand'chose], et il n'écoute jamais ce qu'on lui dit. 2. Je n'ai pas fait le devoir, monsieur. — Ni moi non plus, monsieur. — Ni moi (non plus), monsieur ; je ne trouve mon livre nulle part [je ne peux pas retrouver mon livre]. 3. Je n'ai pas encore faim. 4. Je n'ai pas du tout faim. 5. Quand vous n'aurez plus d'argent, que ferez-vous ? 6. Il ne lui restait plus ni parents ni amis. 7. Il ne revint plus jamais. 8. Il ne retourna [retournait, revint, revenait] plus guère [presque jamais] au village où il était né (§ 80.2). 9. Il n'y connaissait plus personne. 10. Je n'ai plus rien [rien de plus] à vous dire. 11. Personne ne vient jamais me voir. 12. Elle n'écrit plus jamais à personne. 13. Il ne fait jamais rien le samedi. 14. Il ne m'a jamais envoyé ni ıxplication ni un mot d'excuse(s). 15. Sans jamais sortir, il sait toujours tout ce que se passe. 16. Il sortit sans que personne s'en aperçût. 17. Pas un mot, ou vous êtes un homme mort ! 18. Pas un mot de plus, s'il vous plaît ! 19. Qu'est-ce que vous voulez boire ? — Rien, merci. 20. Encore un peu de gâteau ? — Plus rien, merci. 21. Encore une tranche de bœuf, monsieur ? — (Plus,) merci.

*180

1. Nous n'avons pas beaucoup de visiteurs ici. 2. Le temps ne se repose pas, mais ne se hâte pas. 3. Il ne faut pas parler d'eux comme cela. — Vraiment? Pourquoi pas [non]? 4. " Il ne vient [n'arrive] pas," dit-elle. 5. Pourquoi ne vient-il pas? Pourquoi ne vient-il pas? Pourquoi diable n'arrive-t-il [ne vient-il] pas? 6. Il voyait bien dans les yeux de sa classe s'il était compris ou non. 7. Elle s'efforça de ne pas sourire. 8. J'essayai de ne pas écouter. 9. Je n'ai pas essayé d'écouter. 10. Cela peut être ou ne pas être vrai. 11. Il ne donna pas la moindre indication qu'il m'eût reconnu. 12. Il ne fit [faisait] pas la moindre attention à ce que je disais. 13. Il ne va pas mieux aujourd'hui. Il n'y a pas de mieux aujourd'hui. 14. Il n'en est pas moins regrettable qu'il ne nous ait pas consultés. 15. Il ne s'en porte pas plus mal. 16. Ils ne sont pas trop à leur aise. 17. Je n'ai ni père ni mère. 18. Je l'ai vu pas plus tard que mardi dernier. 19. Qui était avec vous? —Personne. 20. Quand reviendrez-vous? — Plus jamais.

*181

1. Je ne l'ai vu qu'une fois. 2. Je n'ai que dix minutes à vous donner. 3. Vous n'avez qu'à parler. 4. Les ruisseaux ne sont clairs [limpides] que parce qu'ils sont peu profonds. 5. Il n'y avait que le chauffeur qui pût faire aller l'auto. Seul le chauffeur pouvait faire aller l'auto. 6. Il n'y a que moi qui aie répondu à toutes les questions. Moi seul ai répondu. . . 7. Ce n'est qu'à l'âge de soixante-dix ans qu'il songea à se reposer [à prendre du repos]. 8. Ce n'est que lorsque nous fûmes [étions] en route pour la gare qu'il commença à pleuvoir. 9. Il n'a fait que jouer ce matin. 10. Ce sont vos femmes qui vous mènent au théâtre ; vous ne faites que les suivre. 11. Rien que de respirer [sentir] la brise de mer, je me sentais déjà mieux.

12. Il ne nous reste plus que deux ou trois amis. 13. Il ne restait plus qu'à souhaiter le bonsoir à l'auditoire. 14. Il ne voyage jamais qu'en auto. 15. Votre père n'a pas été le seul à se plaindre. Il n'y a pas que votre père qui se soit plaint.

16. Ces casques ne se portent guère qu'aux Indes. 17. J'ai attrapé [pris] deux truites, papa! — Que deux? 18. Prenez mon parapluie, seulement n'oubliez pas de le rapporter. 19. Si seulement vous m'aviez dit qui il était ! 20. Il ne restait plus que le

capitaine à bord.   21. Permettez-moi d'ajouter un mot seulement.
22. Plus qu'un mot, et j'ai fini.

182

In 1, 3, 6, 9, no change.
In 2, 4, 5, 7, 8, 10, ' pas ' may be omitted.

183

In 1, 2, 3, 6, 8, 9, no change.
In 4, 5, 7, 10, ' pas ' may be inserted.

*184

In 2, 7, 9, 11, no change.
In 1, 3, 4, 5, 6, 8, 10, 12, 'ne' may be inserted.

*185

1. Au village, à midi, vous ne trouverez âme qui vive.   2. Je
ne sais que penser.   3. Je ne sais pas danser.   4. Je ne saurais
admettre de telles excuses.   5. Ne sachant que dire, je restai muet.
6. Ils étaient [C'étaient] l'un et l'autre de si braves gens qu'ils ne
pouvaient pas ne pas s'aimer.   7. N'eût été son examen, il serait
resté un jour de plus.   8. Couchez-vous, de crainte [de peur] qu'ils
ne vous voient (aperçoivent].   9. Elle était plus inquiète qu'elle ne
voulait le paraître.   10. J'ai oublié mon porte-monnaie. — N'importe, j'ai le mien.

PROPOSITIONS COORDONNÉES

186

1. Le train montant et le train descendant....   2. Il prit un
journal . . . et le déplia.   3. Et lui et elle sont invités.   4. Ni lui ni
elle ne sont invités.   5. Il entre sans sonner ni frapper.   6. Il
offrit de se battre soit au pistolet soit à l'épée [ou au pistolet ou à
l'épée].   7. Seuls, les élèves . . . or vous avez passé . . . donc vous ne
pouvez pas....   8. Bon . . . mais soyez de retour....   9. On ne
le voyait jamais travailler, et cependant [pourtant] il savait....
10. Je suis sûr . . . car il a très bien travaillé.   11. Charles est un
bon enfant, mais il est un peu paresseux.   12. Est-ce de l'argent
ou du nickel ?

187

1. Il n'a ni frères ni sœurs. 2. Il était sans parents ni amis. 3. Nous tuâmes [abattîmes] et le lion et le rhinocéros. 4. Il faut ou payer l'amende ou aller en prison. 5. Il ne voulait ni payer la marchandise ni la rendre. 6. Prenez tout, mais épargnez mes enfants. 7. Il connaît très bien la ville, car il l'a habitée pendant six mois. 8. Il parle très bien le français, et cependant il ne peut pas [sait pas] l'écrire. 9. Nous voulions rentrer, car il était déjà tard. 10. Il habita [vécut à] Fontainebleau jusqu'en 1880 (et) puis se fixa à Paris. 11. Je ne l'ai pas vu, et je ne savais pas que vous l'aviez [l'eussiez] perdu. 12. Jamais il ne montre d'indulgence ni ne pardonne. 13. Prenez ou celui-ci ou celui-là. 14. Entrez ou sortez. 15. Il faut que mon secrétaire ou moi assistions à la conférence. 16. Nous les avons rencontrés en allant et en revenant. 17. Ils s'approchaient rapidement mais sans bruit. 18. Nous sommes invités à prendre le thé, mais ni ma mère ni moi ne nous sentons assez bien pour y aller.

Propositions Subordonnées

188

1. J'arriverai avant qu'il ne parte. 2. Ne m'attendez pas si vous êtes pressé. 3. Nous ferons une longue promenade, à moins qu'il ne fasse mauvais temps. 4. Nous ferons . . ., pourvu qu'il ne fasse pas mauvais temps. 5. Je sortirai jouer quand [lorsque, dès que] je saurai ma leçon. 6. Je veux bien . . ., quoique l'autre jour vous vous ayez refusé. . . . 7. Une maîtresse lit . . . pendant que les élèves font de la couture. 8. Aidez-le, pour qu'il [afin qu'il] achève plus tôt son travail. 9. Racontez-nous l'histoire, puisque vous la savez ! 10. Nous l'avertîmes aussitôt, afin [de façon] qu'il pût éviter ce danger. 11. Nous l'avions averti, de sorte [de façon] qu'il put éviter le danger. 12. Qu'il le veuille ou non, il faudra bien. . . .

*189

1. Comme il n'était pas prêt nous partîmes sans lui. 2. Rien ne se passa comme il s'y était attendu [comme il avait pensé]. 3. Le froid devenait plus vif à mesure que la nuit avançait. 4. Deux jours après que j'eus reçu sa lettre il arriva lui-même. 5. Habillez-vous maintenant, de façon [de sorte] que nous n'ayons pas à

attendre.   6. Je ne peux que répéter que c'est impossible.   7. Il
ne reste plus qu'à vous remercier de votre bonté.   8. Il ne se passe
pas de semaine [pas une semaine] sans qu'il arrive un accident.   Il
ne se passe pas de semaine qu'il n'arrive un accident.   9. Qui sait
s'il ne l'apprendra pas !   10. Je ne doute pas qu'il ne consente
[qu'il n'y consente].   11. Je doute qu'il vienne.   12. Je viendrai
si je le peux.   13. Je l'aime comme s'il était mon propre fils.   14. Il
mit la main sur ses yeux [en abat-jour] comme s'il eût été
ébloui par la lumière.   15. A peine étais-je entré dans la salle qu'il
m'aborda [m'accosta].   16. Il ne fut pas plus tôt entré dans la
salle qu'une détonation retentit.   17. Je le ferais faire sur-le-
champ, n'était que je suis à court d'argent pour le moment.
18. Qu'avez-vous fait [Que faites-vous] depuis que nous avons
quitté l'école ?   19. Venez avec nous, puisque vous n'avez rien à
faire.   20. Il y a [Voilà] juste quinze jours qu'il est mort.   21. Faites
ce que vous voudrez pourvu que vous ne fassiez pas de bruit [que
vous vous teniez tranquille(s)].   22. Tant qu'il y a de la vie il y a
de l'espoir.   23. Veuillez bien écrire pendant que je dicterai.
24. Quand j'étais enfant on me permettait de lire ces livres [-là] le
dimanche.   25. Je viendrai ce soir, à moins que quelque chose (ne)
m'en empêche.   26. Un fiacre descendit la rue à toute vitesse [à
grand train] après que le défilé fut [eut] passé.

190

1. Quand je tombais et que je me faisais mal. . . .   2. Comme
votre femme est morte et que vous n'avez pas. . . .   3. Avant que
le raisin soit mûr et que la vendange soit faite. . . .   4. Faites
comme vous voudrez, puisque vous êtes si habile et que vous
n'acceptez. . . .   5. S'il vient quelqu'un et qu'on nous voie. . . .
6. Il aime ces jeunes gens comme s'il était leur père et qu'il les eût
élevés.   7. S'il a toujours un bon bulletin, et s'il remporte des prix.
. . .   8. Il m'écrivait pour savoir si j'avais vu ses parents et s'ils se
portaient bien.   9. Pourvu qu'il reçoive ma lettre à temps et qu'il
puisse partir sur-le-champ !   10. Si j'étais encore jeune et que
j'eusse [*fam.* j'aie] de la fortune comme vous. . . .

SYNTAXE DES PARTIES DU DISCOURS

Le Nom

191

1. Les chefs-lieux des départements. 2. De(s) petits rouges-gorges. 3. Des porte-plume(s) à réservoir. 4. De(s) beaux cerfs-volants. 5. Mes beaux-frères et mes belles-sœurs. 6. Des avant-coureurs du printemps. 7. Des abat-jour verts. 8. Éviter des courts-circuits qui brûleraient les armatures. 9. Des gardes-chasse, anciens sous-officiers. 10. Commencer par des hors-d'œuvre. 11. Ériger des arcs-de-triomphe. 12. Faire l'aumône à des culs-de-jatte. 13. Ce sont des ouï-dire, des on-dit. 14. Nous avons eu de longs tête-à-tête. 15. Remonter les réveille-matin. 16. Avoir des arrière-pensées. 17. Les grands-pères, les grand'mères, et leurs petits-fils. 18. Des contre-amiraux qui furent des non-valeurs. 19. Messieurs, mesdames et mesdemoiselles Smith. 20 Nosseigneurs les évêques étaient gentilshommes de naissance.

192

1. Les frères Poincaré. 2. Les deux Poincaré. 3. Les quatre Maries. 4. Les demoiselles Smith. 5. Le capitaine et mes-demoiselles Brown étaient invités. 6. Les demoiselles Chapman m'accaparèrent dès mon entrée [aussitôt que j'entrai]. 7. Gautier et les Goncourt se croyaient nés pour être peintres. 8. C'est un vrai Davranche, honnête comme tous les Davranche. 9. Avant 1870 il y avait non une, mais quarante Allemagnes. 10. Les Bourbons sympathisèrent toujours [ont toujours sympathisé] avec les Stuarts.

*193

1. Une salle de bain. 2. Un pot à lait. 3. Un pot de lait. 4. Une machine à vapeur. 5. Un fusil à aiguille. 6. Un piano à queue. 7. Une broche en platine. 8. Un ressort en acier [d'acier]. 9. Des aiguilles à tricoter. 10. Des cartes à jouer. 11. Une machine à coudre. 12. Un garçon de laboratoire.

13. Une petite fille aux yeux bleus. 14. Un jeune homme à l'air sérieux. 15. Un vieux fermier à l'air jovial. 16. Un homme au caractère lent. Un homme lent à s'emporter. 17. Un ivrogne au nez rouge. 18. Une vieille dame aux lèvres minces. 19. Une

demoiselle [jeune fille] à l'esprit léger.　20. Une jeune fille aux yeux de mouton.　21. Une institutrice au caractère doux.

22. Des soldats vêtus de khaki.　23. Un crin de cheval. 24. Un matelas de crin.　25. Un lit à matelas de plume. 26. L'assurance sur la vie.　27. Une compagnie d'assurance. 28. Une compagnie d'assurance sur la vie.　29. Une compagnie d'assurance sur la vie de Londres.　30. Un service à thé en porcelaine Doulton.　31. Des chaises de salle à manger en acajou d'Espagne. 32. Nos excursions à la campagne des après-midi du samedi. 33. Les auteurs de comédies du commencement du dix-huitième siècle.　34. Ce fut cette charge de cavalerie de la fin de l'après-midi qui sauva la journée.　35. Un porte-plume à réservoir en vulcanite rouge.　36. Une machine à écrire Remington de facture nouvelle [de facture récente].

EXPRESSIONS ADVERBIALES
*194

1. Il se battit avec courage.　2. Il se battit avec beaucoup de courage [avec un grand courage].　3. Elle attendait son arrivée avec impatience.　4. Elle attendait son arrivée avec une impatience fiévreuse.　5. Il se bat avec prudence.　6. Il se bat avec une prudence louable.

7. Je peux vous laisser cette raquette à très bon marché.　8. Ils arrivèrent à la tombée de la nuit.　9. Leur maison est meublée à l'anglaise.　10. Les chambres à coucher sont dallées, à l'italienne.

11. Il courait à toute vitesse.　12. Le cheval galopait ventre à terre.　13. L'oiseau s'envola à tire-d'aile.　14. Le train marchait [filait] à toute vitesse.　15. Les bandits sautèrent dans l'auto, et partirent à toute allure.

16. Ne marchez pas si vite.　17. Il est profondément endormi. Il dort profondément.　18. Il gèle dur.　19. Il alla bon train toute la nuit.　20. Il fit tous ses efforts pour me convaincre. Il s'efforça de me convaincre.　21. Il a été traité durement.　22. Je ne savais trop [guère] que dire.　23. J'eus à peine le temps d'avaler une tasse de thé.　24. Je ne joue jamais gros jeu.　25. Ses services sont payés richement [grassement].　26. Il a parlé de votre frère en termes fort [très] élogieux.　27. Elle fut [se montra] fort [très] mécontente de ce que je lui dis.　28. Cet accident coupa court à sa carrière. 29. Il mourut peu de temps après.　30. Dites-nous brièvement [en peu de mots] ce que vous savez.

195

1. Il referma bruyamment la porte. 2. Servez fidèlement vos maîtres. 3. Hâtez-vous lentement. 4. Pourquoi garder obstinément le silence ? 5. Elle songeait tristement à ce que lui réservait l'avenir. 6. J'aime passionnément le théâtre et le cinéma. 7. Vous prenez le vie trop sérieusement. 8. Elle faisait la charité délicatement.

*196

1. Il s'habilla avec prestesse. 2. On nous regardait avec curiosité. 3. On l'écouta en silence. 4. Nous ripostâmes avec vigueur. 5. Il répond avec bon sens [d'une manière sensée]. 6. Répondez sans vous presser. 7. Il a répondu d'une façon [manière] brillante. 8. La marée monte peu à peu. 9. Il me répondit avec brusquerie. 10. On ne m'insulte pas avec impunité. 11. On vous a traité avec générosité. 12. On vous a traité avec beaucoup de générosité [avec une grande générosité].

197

1. Il porte des vêtements trop justes. 2. Ses élèves chantent toujours juste. 3. Elle parle trop haut. 4. La cheminée était trop haute. . . . 5. Vos comptes ne sont pas clairs. 6. Nous ne voyons pas clair. . . . 7. Ces fleurs sentent bon. 8. Ces fruits semblent fort bons. 9. Ils ne sont pas forts. . . . 10. Les truffes se vendent toujours cher, mais aujourd'hui elles sont trop chères. 11. La nouvelle est fausse. 12. La nouvelle sonnait faux. 13. Elle chante toujours faux. 14. Elle écrit très fin. 15. Elle a une écriture très fine. 16. Nous étions secoués très dur. 17. . . . une peine beaucoup trop dure. 18. . . . frisées très serré.

COMPARATIF ET SUPERLATIF

198

1. Marie est plus jeune et plus petite que Jeanne, mais elle est aussi intelligente, et travaille tout aussi bien. 2. Ce livre est plus instructif qu'amusant. 3. Jean n'est pas aussi [si] obligeant que sa sœur. 4. Il parle aussi bien que vous. 5. Je ne peux pas marcher aussi vite que vous ; vous avez les jambes plus longues que moi. 6. Je tire aussi fort que les autres, bien que je ne pèse pas autant. 7. Il a mangé plus de la moitié du gâteau ; il a mangé plus

que ses trois sœurs (toutes) ensemble. — Oui, il a montré plus de zèle que de discrétion. 8. Depuis 1840 la production du blé a plus que doublé. 9. Elle n'est pas si maigre que je (le) pensais. 10. Vous me rendez plus que je ne vous ai prêté.

11. Il chante mieux que vous ; il a une meilleure voix. 12. Votre devoir est pire que jamais ; vous allez de mal en pis. 13. J'étais plus petit que lui, mais avec moins de force [avec une force moindre] j'avais plus d'agilité. 14. Il décrivit la maison et ses habitants, et nous donna d'autres détails de moindre importance. 15. Je n'étais [n'allais] pas du tout bien hier, mais je me sens beaucoup mieux aujourd'hui. 16. Soyez meilleurs et vous serez plus heureux.

*199

1. Il y a cent ans les routes étaient moins nombreuses [plus rares] et les hommes plus casaniers. 2. Cromwell donna à la nouvelle république une constitution aussi semblable à l'ancienne que l'armée voulut bien le souffrir [le permettre]. 3. Vous n'arriverez pas à temps si vous attendez plus longtemps. 4. Nous ne vous attendions pas plus tôt [de meilleure heure]. 5. Pourquoi le traitez-vous mieux qu'il ne vous traite ? 6. Je n'ai pas fait plus de mal que lui. 7. La ville est plus petite qu'elle ne le paraît. 8. Je ne veux pas paraître meilleur que je suis. 9. Il agit autrement qu'il ne prêche. 10. Je ne pus [pouvais] faire autrement que de le croire. 11. Pouvais-je faire moins que de courir à son secours [à son aide] ? 12. Il n'avait d'autre alternative que de se démettre de ses fonctions [que de démissionner]. 13. Plutôt que de rester ici plus longtemps [plus longtemps ici], j'entrerais en service. 14. Nous ne pouvons faire mieux [mieux faire] pour montrer [démontrer] la valeur de ce livre que d'en citer quelques passages. 15. Il y a beaucoup plus de morts que de blessés.

*200

1. Ils ne mangent jamais autrement qu'avec leurs doigts. 2. Il se ferait plutôt tuer [Il se serait plutôt fait tuer] que de céder.

3. Il avait le pouce gros comme un bras d'enfant [comme le bras d'un enfant]. 4. Les routes sont droites comme une règle, et bordées de peupliers. 5. Il a un jardin grand comme un mouchoir (de poche).

6. Moins on pense à soi, plus on est heureux. 7. Moins on fait, moins on voit ce qu'il y a à faire. 8. Plus l'air liquide bout fort, plus

le froid devient intense.   9. Moins on a d'argent, moins on a de
soucis.   10. Plus les femmes (se) regardent dans leur(s) miroir(s),
moins elles surveillent leur ménage.   11. Si des étrangers se trouvent
là [sont présents], moins vous direz mieux cela vaudra.   12. Plus
vous vous offrez [on s'offre] aux hommes, moins ils vous acceptent.
13. Plus on vieillit, plus on apprécie le silence.   A mesure qu'on
vieillit [En vieillissant] on apprécie le silence davantage.
   14. La vie devient de plus en plus chère [coûteuse] ; les loyers
sont de plus en plus élévés.   15. On ouvre de plus en plus grandes
les portes de l'enseignement aux enfants de ce pays.
   16. Je suis d'autant plus surpris de sa décision qu'il ne connaît
personne à Paris.   17. Son succès est d'autant plus remarquable
qu'il n'a pas [ne possède pas] d'amis en haut lieu.   18. On apprécie
les joies de la vie d'autant plus qu'elles sont moins nombreuses.
Moins les joies de cette vie sont nombreuses, plus on les apprécie.
19. Il prit un verre de cognac [d'eau de vie], et ne s'en trouva que
plus mal.
   20. Sa femme avait trois ans de moins que lui.   Sa femme était de
trois ans moins âgée que lui [était moins âgée que lui de trois ans].
21. Pour mon devoir j'ai eu [obtenu] cinq points de plus que la
semaine dernière.   22. Il y a cinq cents élèves à l'école ; il y en
avait cinquante de moins l'année dernière.   23. Les dégâts étaient
beaucoup plus considérables [plus grands] qu'on ne l'avait pensé
d'abord.   24. Elle est beaucoup plus âgée qu'elle ne (le) paraît.
25. Bien qu'elle ne soit pas si grande que vous [de votre taille], elle
a douze ans passés [plus de douze ans].

201

1. Les belles actions cachées sont les plus estimables.   2. C'est
sous les platanes que l'ombre était le plus épaisse.   3. . . . les
moineaux sont les plus nombreux comme les plus aimables.   4. . . .
la personne que j'aime le plus.   5. Cette excursion est la plus
intéressante que j'aie jamais faite.   6. . . . au moment où mon
excursion devenait le plus intéressante.   7. . . . aux airs qui me
plaisaient le mieux.   8. La raison du plus fort est toujours la
meilleure.   9. Les gens qui ont le plus souffert ne sont pas ceux
qui se plaignent le plus.   10. C'est là que la rivière coule le plus
vite.   11. Cette tête est la plus élevée. . . .   12. C'est le dix que
Louise a été le plus fiévreuse.   13. L'usine métallurgique française
la plus célèbre. . . .   14. Le pays avec lequel la France entretient
le plus de relations. . . .

202

1. Je l'avais connu à l'école, et il était resté mon meilleur ami.
2. Le sens commun est le moins commun de tous les sens. 3. Les parties les plus profondes de l'océan ont maintenant été explorées.
4. Les deux meilleurs élèves de la classe (, ce) sont les deux plus jeunes. 5. Il avait mis son chapeau le plus brillant et ses bottines les plus étroites, ses gants les plus neufs et sa cravate la plus chic.
6. Il a acheté le [Il s'est rendu acquéreur du] plus beau château du voisinage. 7. Ceux qui suivent le chemin battu sont les plus sages.
8. Voici [C'est] de beaucoup son meilleur ouvrage. 9. C'est le meilleur des hommes. 10. Voici [C'est] le mieux que je puisse faire.
11. C'est à quelques milles en amont du pont du chemin de fer [en amont du viaduc] que la rivière est le plus profonde. 12. C'est quand elle était seule qu'elle était le plus heureuse. 13. Elle était la plus heureuse de nous tous. 14. C'est dans le succès que la prudence est le plus nécessaire.

15. Je suis très [fort] heureux de savoir cela. 16. Je sais fort bien qu'il ne veut pas payer. 17. Elle avait très peur des chiens. 18. Je suis très [bien] fatigué. 19. Le dîner était très bon, mais horriblement cher. 20. Il a été on ne peut plus grossier ! 21. Embrun devient une base d'opérations des plus importantes. 22. Il achète toujours cè qu'il y a de plus cher, et moi j'achète toujours ce qu'il y a de meilleur marché.

LES DÉTERMINANTS DU NOM

203

1. Les bons et les mauvais jours. . . . 2. . . . l'art antique et (le) moderne. 3. . . . un caractère charmant et toujours égal. 4. J'avais un cheval déjà vieux et un tout jeune. 5. Les bas et les nobles sentiments. . . . 6. . . . mon ancienne et ma nouvelle situation.
7. Cette grande et belle ville. . . . 8. Quelles journées et quelles nuits. . . . 9. Il est ingénieur des ponts et chaussées. 10. . . . ses faits et gestes. 11. Mes sœurs et mes cousines. . . . 12. Les frères et sœurs. . . .

LES ARTICLES

204

1. Particularizing : Will you pass me the bread ? 2. Generalizing : Bread has increased in price. 3. Generalizing : Children are

naturally thoughtless. 4. Particularizing : Our neighbours' child is very stirring. 5. Generalizing : The cat is [Cats are] pretty, light-footed, dexterous, and clean. 6. Particularizing : Who ate the jam ?—It was the cat. 7. Generalizing : Man is a sociable animal. 8. Particularizing : He isn't the man I thought.

205

1. Fermez la porte. 2. La crainte du Seigneur est le commencement de la sagesse. 3. Il étudie la médecine. 4. La famine obligea [contraignit] la ville de Paris à ouvrir ses portes. 5. C'est le meilleur des hommes. 6. L'homme propose et Dieu dispose. 7. La classe commence à huit heures et demie. 8. Est-ce que le dîner est prêt ? 9. Le lit est très agréable [est une douce chose, est doux] quand on est fatigué. 10. Qui est entré le premier ? 11. Qui est sorti le dernier ? 12. La première des vertus, c'est le dévouement à la patrie. 13. La police est sur la piste du meurtrier. 14. La Chine et la Japon sont en Asie. 15. La couronne d'Angleterre était maintenant portée par une femme, la reine Elisabeth. 16. Ils se battaient [se battirent] pour la liberté civile de l'Angleterre. 17. Le mont Etna. Le cap Finisterre. Le lac de Côme. 18. Le roi Édouard. L'empereur Charles-Quint. Le cardinal Newman. 19. La Nouvelle-Orléans. Paris. Le Havre. 20. A la Nouvelle-Orléans. A Paris. Au Havre. 21. En France, en Espagne, et au Portugal. 22. Nous allons en France, en Espagne, et au Portugal. 23. Le (Ce) pauvre Pierre ne savait pas que le déjeuner était à midi aujourd'hui ; quand il est rentré de l'église [de la messe] nous avions déjà fini. 24. Je l'ai vu le lundi de la Pentecôte. 25. Nous avons eu un été de la Saint-Martin. 26. Avec la viande à quinze francs la livre on s'en passe [nous nous en passons] deux ou trois fois par semaine. 27. Je n'ai pas le temps d'apprendre l'allemand.

206

1. Il y avait une fois un roi et une reine qui avaient une petite fille belle comme un ange [une très jolie, très belle, petite fille]. 2. Je connais un certain docteur Allard que vous pourriez consulter. 3. Elle l'attendait avec une impatience timide [mêlée de timidité]. 4. Cyrano avait le nez fort long.
5. Le calme plat précède souvent les grandes [grosses] tempêtes. 6. La femme ne doit pas [Les femmes ne doivent pas] mépriser les soins du ménage [les devoirs domestiques]. 7. L'homme oisif est

[Les oisifs sont] rarement heureux. 8. Les vaisseaux sont classés
d'après leur tonnage.

9. J'ai le droit de vivre. 10. J'ai droit à ce privilège. 11. Ils
sont du même âge. 12. Je ne peux pas faire deux choses à la fois.
13. La promenade m'a donné de l'appétit. 14. Trois et demi.
15. Ils furent tués jusqu'au dernier.

207

1. Madeleine m'apporta du vin et de l'eau. 2. Nous aperçûmes
de loin une île de sucre avec des montagnes de compote, des rochers
de sucre candi et de caramel, et des rivières de sirop qui coulaient
dans les campagnes. 3. Travaillez, prenez de la peine. 4. Des
alouettes ... font leur récolte d'insectes. 5. Démosthène ne buvait
que de l'eau. 6. Nous avons mangé des fruits excellents. 7. L'aube
du jour arrive, et d'amis, point du tout. 8. Pourquoi n'avaient-ils
pas d'amis ? 9. Rodrigue, as-tu du cœur ? 10. J'ai de la peine
à vous suivre. 11. Je n'ai pas eu de peine à vous suivre. 12. Je
n'ai pas eu trop de peine. ... 13. Des nouvelles fâcheuses sont
arrivées hier. 14. De fâcheuses nouvelles. ... 15. De l'audace,
encore de l'audace, et toujours de l'audace ! 16. Sa chambre était
ornée de fleurs. 17. Sa chambre était ornée des fleurs que je lui
avais apportées. 18. Combien d'argent lui faut-il ? 19. Il n'a
pas de fortune. 20. Ah, si j'avais de la fortune ! 21. Je n'ai pas
besoin d'argent. 22. J'ai besoin d'argent. 23. J'ai besoin de
l'argent que je vous ai prêté. 24. Nous causions de choses graves.

*208

1. Nulle part sur la terre on n'a trouvé de blé sauvage. 2. Je ne
te donne pas des livres pour que tu les déchires. 3. Pourquoi n'as-tu
pas de livres aujourd'hui ? 4. Pourquoi tant de paroles ? 5. Voilà
bien des paroles perdues. 6. Prenez-vous encore du potage ?
7. Plus de potage, merci. 8. Avez-vous jamais vu de si méchants
enfants ? 9. Ce sont de très anciens amis. ... 10. M. de Balzac a
cherché sa voie pendant des années en faisant du roman d'aventures.
11. Nous travaillons sous de vieux [fam. des vieux] châtaigniers.
12. Je ne veux pas qu'on me mette de collier. 13. Je ne pense pas
qu'on lui fasse de mal [fam. du mal]. 14. Si vous voulez fumer
un cigare, j'en ai d'excellents. 15. Le juge pensa ... qu'on ne
trouvait guère des ânes sans propriétaire, même en des lieux déserts.

16. Je veux qu'on me mette un collier.

209

1. Les murs ont des oreilles. 2. Je la connais depuis des années.
3. Ne racontez [dites] pas à d'autres ce que vous venez de me
raconter [dire]. 4. Dans le parc, des petits garçons et des petites
filles étaient en train de jour. 5. Elle avait de grands yeux doux
avec de longs cils noirs. 6. Donnez-moi du café pour (le) déjeuner
[au déjeuner], et du thé pour le thé [à l'heure du thé].

7. Essayez une pipe de ce tabac. 8. Je ne veux pas de vos
compliments.

9. Achetez-moi deux paires de bas de soie, des timbres, et une
demi-douzaine de cartes postales. 10. Il ne manque pas d'amis
qui lui prêteront autant d'argent qu'il lui en faudra. 11. Des
milliers d'hirondelles volaient autour des arbres. 12. Elle tira de
la poche de son tablier un morceau [une miche] de pain, un morceau
de fromage, et une petite fiole de vin. 13. Elle pâlit d'effroi.

14. Il n'y a pas de sot métier, il n'y a que de sottes gens. 15. Je
n'ai jamais de chance.

16. Vous avez de la chance d'avoir tant d'amis. 17. La plupart
des gens nient le fait.

18. Si cinq d'entre vous restent avec moi, les autres peuvent
aller avec Jean [accompagner Jean]. 19. La plupart d'entre vous
le connaissent déjà. 20. Quels sont ceux d'entre vous qui ont déjà
vu une tortue ? 21. Jeannot, pourquoi ne te brosses-tu jamais les
cheveux ? — Je n'ai pas de brosse. — Prends celle de ton père. —
Il n'a pas de brosse non plus. — Et avec quoi se brosse-t-il les
cheveux ? — Il n'a pas de cheveux.

*210

1. Montrez-moi quelque chose de mieux [de meilleur]. 2. Il me
faut quelqu'un de brave et de prudent. 3. Nous n'avons rien vu
d'intéressant. 4. Jamais les vieux sapins n'avaient rien vu d'aussi
joli. 5. Je ne veux rien acheter de plus. 6. C'est sans aucun doute
ce que vous avez de mieux à faire [ce que vous pouvez faire de
mieux]. 7. Voilà autant de fait ! 8. Quoi de plus étrange qu'une
telle [pareille] rencontre ! 9. Ce qu'il y a de curieux, c'est que
personne n'a rien entendu. 10. Je n'ai rien d'autre à faire. 11. Il
n'y a encore personne d'arrivé. 12. Il faut que je vous raconte
quelque chose d'amusant. 13. Quoi de plus simple que de lui
écrire ? 14. Il ne veut rien prendre de moins. Il ne veut pas
prendre un sou de moins. Il ne prendra rien de moins.

*211

(*a*) The village church. (The church of the village.) (*b*) The village-like church. (*c*) A church in the village. (*d*) A village church.

 (*a*) L'église du village date du XIIIe siècle.
 (*b*) On nous fit admirer l'église de village qui depuis le XVIe siècle fait fonction de cathédrale.
 (*c*) Une église du village a été frappée de la foudre.
 (*d*) On prie aussi bien dans une église de village que dans une cathédrale.

1. Une fête de village. 2. La fête du village. 3. Il se cacha derrière un tronc d'arbre. 4. Je ne peux pas supporter la chaleur de l'été. 5. Il faut que j'achète quelques [des] robes d'été. 6. Je ne peux pas retrouver la robe d'été que j'ai portée [que je portais] l'année dernière. 7. Une des roues de la voiture heurta le poteau et se détacha. 8. Le chien avait des yeux grands comme des roues de voiture. 9. Je demandai au conducteur de l'omnibus où nous nous trouvions. 10. Les conducteurs d'omnibus sont en grève. 11. Pourquoi ne fermez-vous pas la grille de votre jardin ? 12. Parce que nous n'avons pas de grille de jardin.

*212

1. Bonne renommée vaut mieux que ceinture dorée. 2. A bon chat bon rat. 3. Histoire d'Angleterre. 4. Premier Livre de français. 5. Soldats, matelots, rétameurs, tailleurs, tout le monde l'avait vu. 6. Il y a photographies et photographies. 7. Les loups de la jungle se réunissaient [se réunirent] au Rocher du Conseil, plateau couvert de pierres. 8. Fille d'un très honorable personnage de l'Empire, elle s'était mariée [on l'avait mariée] toute jeune. 9. Quel drôle de petite domestique vous avez là ! 10. J'ai été enfant ici. C'est ici que j'ai été enfant. 11. Vous ne serez pas longtemps veuve. 12. Choisir quelqu'un comme [pour] ami est une affaire sérieuse. 13. Il était célèbre [renommé] par toute l'Europe comme soldat et comme homme d'État. 14. Il me traita avec mépris. 15. Il me parla avec bonté. 16. Vous ne lui rendez pas justice. 17. Sa parole fait loi. 18. Prenez garde ! 19. L'auto fit panache. 20. Ne perdez jamais courage. 21. L'eau est la meilleure boisson quand on a vraiment soif. 22. J'ai besoin de vous. 23. Pas de rose sans épine(s). 24. Il revint sans le sou.

25. Il n'a ni intelligence ni énergie. 26. Je rencontrai un vieux fantôme [revenant] en gilet blanc. 27. Il était en colère. 28. Mettez votre maxime en pratique. 29. Jamais maître n'eut (un) plus fidèle domestique. 30. Jamais homme ne fut aussi surestimé par le monde et par lui-même. 31. Jamais homme n'a souffert ce qu'a souffert ce pauvre malheureux. 32. Le roi le créa [le nomma] évêque. 33. On le fit roi. 34. Cela me rappelle le temps où j'étais enfant. 35. Il m'a traité d'imbécile. 36. Il est digne du titre d'honnête homme.

ADJECTIF DÉMONSTRATIF

213

1. Comment se fait-il que l'âne, cet animal si utile, ce héros modeste du travail quotidien, cet ami, ce serviteur du pauvre, ait cette réputation proverbiale de sottise ?
2. Vois-tu cette grande mer aux eaux calmes et bleues, cet océan aux vagues tumultueuses, ces montagnes gigantesques ?

214

1. Le texte dont vous vous servez est très ancien ; cette édition-ci est beaucoup [bien] meilleure. 2. Je n'oublierai jamais cette nuit-là. 3. A cette époque-là on voyageait toujours à cheval. 4. Jusqu'ici je ne savais jamais l'heure exacte, mais cette montre-ci ne varie pas d'une seconde par semaine.
5. Je lui ai parlé à ce sujet. 6. J'étais là [J'y étais] à cette époque. 7. Je ne le savais pas à ce moment-là [à cette époque]. 8. Il est fait mention de cette coutume [de cet usage] dans un vieux registre. 9. C'est juste(ment) ce qu'il me faut en ce moment. 10. Ne parlez pas de la sorte. 11. Voilà [Il y a] quinze ans que j'habite [que je demeure, vis] ici. 12. Voilà dix minutes que je me tiens ici. Je suis là depuis dix minutes.

ADJECTIF POSSESSIF

215

1. Chaque âge a ses plaisirs, son esprit et ses mœurs. 2. Tu es tranquille... dans ta maison, avec ton chien et tes chevreaux. 3. Il nous menaça du doigt. 4. L'enfant doit honneur... à ses père et mère. 5. Jeannot, ne suce pas ton pouce ! 6. Il me fit

signe de l'œil. 7. Il s'est écorché le genou en tombant. 8. Elle
n'accordera sa main qu'à un homme d'élite. 9. Il . . . me tendit la
main. 10. Il me tendit sa bonne grosse main de travailleur. 11. Il
me tendit une grosse main velue. 12. Il est comme la brebis qui
tend le dos pendant qu'on lui ôte sa laine. 13. Pourquoi caches-tu
tes fautes à ton père ? 14. Des sanglots lui serraient la gorge.
15. Il m'avait sauvé la vie. 16. Il me regarda dans les yeux.
17. Regarde de tous tes yeux, regarde !

18. Pères, de vos enfants guidez le premier âge ;
    Ne forcez point leur goût, mais dirigez leurs pas ;
    Étudiez leurs mœurs, leurs talents, leur courage.

216

1. Voici mon père et ma mère, et avec eux mon fils et héritier.
2. Il l'a acheté de [avec] son propre argent. 3. C'est ma maison
à moi. 4. Il a une maison à lui. 5. Ils ont des maisons à eux.
6. Joyeux Noël, mon oncle ! 7. Mon père m'a dit de rentrer de
bonne heure. 8. C'est un ami de mon frère. 9. C'est un de nos
amis. Il est de nos amis. 10. Elle en parla à un de ses amis [à
un sien ami]. 11. A sa vue il s'avança. 12. Il était assis à son
pupitre, (avec) sa lettre à la main [entre les mains]. 13. Je me
suis coupé au doigt [le doigt]. 14. Cela vous coûtera la vie. 15. Il
nous a sauvé la vie deux fois. 16. Il avait la voix jeune. 17. Il
avait [portait] les cheveux coupés court. 18. Voici [Voilà] le
facteur ; j'entends sa voix. 19. Nous approchons de la ville ; j'en
distingue les clochers. 20. Le temps s'envole ; la perte en est
irréparable.

*217

1. Elle était toujours à son chevet, et devinait chacun de ses
désirs [tous ses désirs]. 2. On aime mieux perdre ses richesses que
sa réputation [sa bonne renommée]. 3. Ma maison que voici
[Cette maison qui est la mienne] est à votre disposition. 4. Dans
cette campagne, qui était leur première, ils n'eurent que peu de
succès. 5. Endors-toi [fam. Fais dodo], mon bébé. 6. On doit [Il
faut] faire son devoir d'abord [d'abord faire son devoir]. Il faut
commencer par faire son devoir. 7. Ses ménestrels étaient ses
propres serviteurs à gages. 8. Je voudrais bien avoir une maison
à moi. 9. Je travaille pour leur bonheur à tous. 10. Je suis venu
de mon propre gré. 11. Il récita un sonnet de Rossetti. 12. Il
faut régler votre petite affaire. 13. Je m'élançai à sa poursuite.

14. Je me suis trompé sur votre compte. 15. Je vous apporte cette lettre de sa part. 16. Nous avions tous les deux les yeux humides. 17. Le chien lui mordit la jambe [le mordit à la jambe]. 18. Il sauva la vie à son père [de son père]. 19. Le poisson lui échappa des mains. 20. Ils regardaient sans voir, les yeux aveuglés par les larmes, le cœur gros [opprimé]. 21. Elle avait la taille mince [élancée] et souple. 22. Il avait les épaules larges et puissantes, et un cou de taureau. 23. Il tomba de cheval. 24. Il descendit en pantoufles. 25. Ai-je le temps de changer de robe [d'habits] avant le dîner ? 26. Je la trouvais laide, mais maintenant j'ai changé d'opinion [d'avis]. 27. Je remarquai sa pâleur et en devinai la cause. 28. A mesure que nous approchons de l'usine, nous entendons le ronflement de ses machines. En approchant de l'usine, on entend.... 29. La montagne est à pic, et l'ascension en est rude [difficile, ardue]. 30. S'il y a une science de la guerre, ne pouvons-nous pas en découvrir les secrets ?

Adjectif Interrogatif

218

1. Quelle réponse vous a-t-on [vous ont-ils] faite ? 2. Quels sont ces gens ? 3. Quels livres vous faut-il ? 4. Quelle surprise ! 5. Quelle ville qu'Athènes ! quelles lois, quelle valeur ! quelle discipline ! quelle perfection dans tous les arts et les sciences ! et quelle politesse dans le commerce ordinaire et dans la langue ! 6. Vous retrouverez votre chambre telle quelle ; rien n'a été changé.

Pronoms Démonstratifs

219

1. Les défauts d'Henri IV étaient ceux d'un homme aimable, et ses vertus celles d'un grand homme. 2. Défendez votre liberté et respectez celle des autres. 3. ... que celui de la Garonne. 4. ... mais celle-ci est plus tendre que celui-là. 5. Donnez-moi cela ! 6. Consolez ceux qui souffrent. 7. Ce que l'on conçoit bien.... 8. Le bavard dit tout ce qu'il pense. 9. Ce n'est pas bien.... 10. Quel livre voulez-vous, celui-ci ou celui-là ? 11. Qu'avez-vous à répondre à cela ? 12. Ceux-là seuls sont heureux qui savent.... 13. Celui-là est riche ... celui-là est pauvre.... 14. ... je ne dis pas cela !... cela m'accommoderait fort. Ce sont des coquins.... 15. C'est votre cocher, celui d'avant

moi, qui me l'a dit.   16. Comment ça va-t-il, père Durand ? — Ça
ne va pas . . . c'est dans le dos que ça me tient.

*220

1. Voici mes pigeons ; celui-ci est tout à fait apprivoisé, mais
celui-là est encore très sauvage.   2. Tom et Bob se battaient ;
celui-là voulait tenir le lapin, et celui-ci ne voulait pas le lui céder.
3. Ceci est pour vous, Jean.   4. Ce n'est pas à cela que je pense.
5. Y a-t-il longtemps de cela ?   6. Est-ce que cela ne vous amuse
pas de les entendre parler ?   7. Ne vous excusez pas ; cela ne fait
rien [cela n'a pas d'importance].   8. Il viendra bientôt. — Quand
ça ?   9. Je vois un aéroplane. — Où ça ?   10. Ce sont là des secrets
que je ne dois pas révéler.   11. Est-ce là tout ce que vous avez fait ?
12. La morsure de Karaït est aussi dangereuse que celle du cobra.
13. Nous haïssons ceux que nous craignons.   14. Tous ceux qui l'approchent s'éprennent [tombent amoureux] de sa personne.   15. Ce
jeune homme là-bas est celui dont je vous ai parlé.   16. L'armée
anglaise était postée sur la crête du nord, et l'armée française sur
celle du sud.   17. Ceux-là ont le cœur le plus léger [sont les plus
insouciants] qui savent le moins.   Ce sont ceux qui savent le moins
qui ont le cœur le plus léger.   18. Cela pourrait bien être.   19. Ce
pourrait bien être lui.   20. J'entends une voiture ; ce sont nos
invités.   21. Cinq pence pour un œuf !   C'est du vol pur et simple !
C'est pis qu' à Paris !   22. Ce sont les gens comme vous qui donnent
à la ville une mauvaise réputation.   23. Est-ce vous qui avez sonné
cet après-midi ?   24. Les Anglais jouissaient d'une liberté beaucoup plus grande que ce n'était le cas pour les Français.

Pronom Possessif

221

1. J'ai mes ennuis, tu as les tiens ; chacun a les siens.   2. Nous
ne voyons de maux que ceux qui sont les nôtres.   3. . . . le Rhône
prend la sienne dans les Alpes.   4. . . . la sienne d'abord, la France
ensuite.   5. . . . les riches ont aussi les leurs.   6. . . . lui les siennes,
eux les leurs.

*222

1. ' du mien '=de mon argent, de ma fortune.
2. ' les miens '=ma famille, mes parents (*relatives*).

3. ' le mien '=ce qui m'appartient.

4. ' le mien et le tien '=la distinction entre ce qui nous appartient et ce qui appartient à autrui.

5. ' tu fais des tiennes '=tu joues des tours de sa façon.

6. ' du mien '=de mon travail, de mon intelligence, de mon énergie.

7. ' Serez-vous des nôtres ? '=Accepterez-vous notre invitation ? Viendrez-vous avec nous ?

*223

1. Il y a trois bataillons en Angleterre à l'heure actuelle [à présent]. Le mien est dans le Norfolk. 2. Ces livres sont à elle. 3. Il ne faut jamais prendre ce qui n'est pas à vous. 4. Si c'est à moi [Si c'est le mien], je vous le donne volontiers. 5. Moi et les miens, nous serons heureux de vous voir, (et) vous et les vôtres, ici ou n'importe où. 6. J'ai rencontré un ami à vous et à moi. 7. Pitt aimait l'Angleterre d'un amour intense et personnel ; ses triomphes étaient les siens ; ses défaites étaient les siennes. 8. Nous sommes une nation de voyageurs.

Pronoms Interrogatifs
224

1. Qui êtes-vous ? Par qui êtes-vous envoyé ? A qui désirez-vous donner ce paquet ? Que contient-il ? 2. Que faites-vous ? 3. Qu'est-ce que vous faites ? 4. A quoi vous occupez-vous ? 5. De quoi [qui] avez-vous peur ? 6. Pourquoi voulez-vous partir si vite ? Qu'est-ce qui vous presse ? 7. Qu'est-ce que vous attendez pour partir ? 8. Qu'est-ce qui vous retient ? 9. Lequel de vous deux vient avec moi ? 10. ... duquel conservez-vous le meilleur souvenir ? 11. A qui ai-je l'honneur de parler ? 12. A qui est-ce que j'ai l'honneur de parler ? 13. Qu'est-il arrivé ? 14. Qu'est-ce qui est arrivé ? 15. Que devenez-vous ? 16. Qu'est-ce qu'il devient ? 17. ... et avec quoi ? 18. ... Ah ! laquelle ?

*225

1. Qui est-ce qui l'a dit ? 2. A qui puis-je m'adresser ? 3. Je ne sais pas à qui m'adresser. 4. De qui êtes-vous l'élève ? 5. A qui est ce chapeau ? 6. Que désirez-vous de moi ? 7. A quoi donc pensait-il ? À quoi pensait-il donc ? 8. Qu'est-ce que je vais

devenir ? Que vais-je devenir ? 9. Quoi ! il n'est pas arrivé ?
Qu'est-ce qui lui est arrivé [Que lui est-il arrivé] ? 10. Je ne sais
pas ce qui lui est arrivé. 11. Je ne sais que penser de son absence.
12. Et si on me demande ce que j'en ai fait ? — Pourquoi le cacher ?
Il n'y a rien de mal. 13. Lequel de vous deux doit parler le premier ?
14. Duquel des deux parlez-vous ? 15. Auxquels de vos amis avez-
vous envoyé des invitations ? 16. Je ne sais pas de quoi vous avez
à vous plaindre. 17. Qu'est-ce que vous faites ? Que faites-vous ?
18. Voulez-vous du bourgogne ou du vin d'Anjou ? — Cela m'est
égal lequel. 19. Et s'il l'avait perdu ? 20. Et s'il refuse ?
21. Qu'est-ce que cela fait ? Qu'importe ? 22. Dites-moi que faire.
23. A quoi pensez-vous ? 24. Qu'est-il devenu ? Qu'est-ce qu'il
est devenu ? 25. Qui (est-ce qui) vous a dit de venir ?

Pronoms Relatifs

226

1. J'ai trouvé chez lui une aide et des conseils qui m'ont été fort
utiles, et grâce auxquels j'ai pu venir à bout de mon travail. 2. Monsieur, c'est la personne qui est venue ce matin. 3. Vous êtes celui
auquel j'ai donné la préférence. 4. . . . la maison que j'ai achetée.
5. L'esprit qu'on veut avoir gâte celui qu'on a. 6. Voilà le sentier
qu'on nous a indiqué. 7. . . . après quoi tout le monde applaudit.
8. L'ennui est une maladie dont le travail est le remède. 9. Pensez
aux maux dont vous êtes exempt. 10. . . . un écueil contre lequel
viennent se briser. . . . 11. . . . aucune des personnes parmi
lesquelles je me trouvais. 12. Le pays où vous allez vous retirer. . . .
13. Je ne comprends pas ce que vous dites. 14. . . . voici ce que vous
allez faire. 15. . . . ce qui n'est pas vrai. 16. Ce à quoi je ne
m'attendais guère . . . la jeune fille à côté de laquelle [de qui] j'avais
dîné. . . .

*227

1. Qui sème, récolte. 2. Voilà qui est extraordinaire ! 3. Voilà
en quoi vous vous trompez. 4. . . . ce dont j'ai envie. 5. . . . ces
enfants dont pas un seul ne rit ? 6. . . . auxquelles on ajoute un
peu de chaux. 7. Les moutons à la dépouille desquels nous
devons. . . . 8. Le pays d'où je viens. . . . 9. . . . dans l'état où
il est. 10. . . . le jour où le pont devait être inauguré. 11. . . . tout
ce qui est faux. . . . 12. On est ce qu'on se fait. 13. . . . à qui voulait
l'entendre. 14. . . . six invités, dont quatre femmes. 15. . . . lesquelles, à la vérité, avaient été. . . . 16. . . . lequel chantait. . . .

*228

1. Il n'y avait pas un de ses amis qui ne désirât l'aider [le secourir]. 2. Elle peut épouser qui elle voudra. 3. Le bébé veut quelqu'un avec qui (il puisse) jouer. 4. Que ceux qui sont de mon opinion [qui partagent mon opinion] lèvent la main. 5. Il n'y a personne ici qui ne sache ce que vous avez fait. 6. Pas un écho de la maison [dans la maison] qui n'éveillât [ne réveillât] l'effroi [la terreur] dans son cœur.

7. Je ne vois personne que je connaisse. 8. J'ai demandé le chemin à tous ceux [tous les gens] que j'ai rencontrés. 9. C'est la seule de ses œuvres [le seul de ses ouvrages] que j'aime réellement. 10. C'est l'endroit le plus agréable que j'aie jamais vu.

11. Il cacha le sac sous le matelas, après quoi il se coucha. 12. Ce n'était pas tout à fait ce à quoi Gavroche s'était attendu.

13. J'ai un rosier dont les fleurs sont admirables. 14. J'ai un rosier dont les voisins sont jaloux. 15. J'ai un rosier dont je puis parler avec orgueil. 16. J'ai un rosier avec les fleurs duquel nous ferons [allons faire] un très joli [gentil] bouquet. 17. Le livre dont je parle n'est pas facile à comprendre.

18. Le village n'avait qu'une rue, au bout de laquelle se trouvait [était, était située] l'église. 19. Les gens aux sentiments desquels vous faites appel ne sont pas du tout disposés à nous écouter. 20. Il n'y a aucun de nos loups des pattes duquel je n'aie retiré une épine.

*229

1. La maison où je demeurais était celle de mon père [appartenait à mon père]. 2. Vous rappelez-vous le jour où nous vous avons rencontré(e) pour la première fois ? 3. La date où [à laquelle] il était attendu était passée.

4. Rien de ce qui est faux ne peut être durable. 5. Ne croyez rien [N'ajoutez foi à rien] de ce qu'il pourra vous dire. 6. Je ne crois pas un mot de ce qu'il dit. 7. Rien de ce qui est là ne me plaît. 8. Les enfants ne sont pas ce que sont leurs mères. 9. Est-ce là tout ce que vous savez ? 10. Ce que vous dites me surprend. 11. Faites ce qui est juste [bien]. 12. Le Revenant fit signe à Scrooge d'approcher [de s'approcher], ce qu'il fit. 13. César passa le Rubicon, ce qui de fait était une déclaration de guerre [ce qui équivalait à une déclaration de guerre].

14. Je tirai mon revolver, sur quoi les bandits s'enfuirent. Je les poursuivis et me jetai sur le dernier, et le malheureux tomba par

terre. 15. Le vieux colonel en mourut de chagrin, car jamais
homme n'aima sa patrie d'un amour plus profond. Le vieux
colonel, qui adorait sa patrie [qui aimait sa patrie d'un amour sans
égal], (en) mourut de chagrin. 16. Pascal, l'esprit le plus puissant
qui ait jamais existé, mourut jeune.

PRONOMS PERSONNELS

230

1. Parle-nous de lui. 2. Je pense souvent à lui. 3. J'y pense
sans cesse. 4. J'en fis l'emplette. 5. Et les leur ôte. 6. Sans les
changer. 7. Pour apprendre à le fuir. 8. Je le lui ai fait renvoyer. 9. Venons-leur en aide. 10. Et leur venir en aide. 11. Tenez-
vous-y. 12. Il ne me reste plus qu'à m'y soumettre. 13. Les
personnes riches ne songent qu'à le devenir davantage. 14. Il
faut la respecter. 15. Sa mère ne le voulait pas. 16. Avec ceux
qui le sont.

231

1. Quand il a faim. 2. Quand vous avez faim. 3. Obéis, si
tu veux qu'on t'obéisse un jour. 4. Tous les hommes se plaignent.
5. J'y ferai remettre un pied. 6. Je m'en débarrasserai. 7. Comme
j'en avais le goût, l'on m'en supposait le talent. 8. Apportez-y le
plus grand soin. 9. L'autre n'en avait pas. 10. Je le lui ai souvent
entendu raconter. 11. Quand nous avons aidé le voisin . . . il nous
en a donné un grand panier. 12. Expliquez-le-moi. 13. Les vieux
se promenaient . . . et le bon soleil leur coulait sa chaleur entre les
épaules. 14. Il se faisait une règle de se promener tous les jours.
15. Quand on se donne aux hommes pour leur plaire, pour les
éblouir, pour usurper de l'autorité en les flattant, ce n'est pas eux
qu'on aime, c'est soi-même. 16. Quand tu rencontres des personnes
plus âgées que toi, il faut leur céder le pas.

*232

1. J'espère que monsieur est satisfait. 2. J'espère que ces
messieurs sont satisfaits. 3. Madame serait-elle assez bonne pour
m'avancer. . . . 4. Si mademoiselle veut bien s'asseoir. Que
mademoiselle veuille bien s'asseoir. 5. Si ces demoiselles veulent bien s'asseoir. Que ces demoiselles veuillent bien s'asseoir.

6. Que monsieur ne s'en prenne pas à moi ; monsieur m'avait bien recommandé de fermer la porte à clef. 7. Si madame n'est pas contente, madame [elle] n'a qu'à me donner mes huit jours. 8. Ces dames prendront-elles ces paquets avec elles, ou (ces dames) désirent-elles que je les fasse porter chez elles ?

233

1. Les ennemis rappelèrent à eux leur flotte. 2. On ne s'en fie jamais qu'à soi. 3. Un sot trouve toujours un plus sot qui l'admire. 4. Mon grand-père... me pressa contre lui. 5. ... qui entraînent après elles les plus graves conséquences. 6. On a souvent besoin d'un plus petit que soi. 7. Un vent violent balaye tout devant lui. 8. Nul n'est prophète chez soi. 9. Qu'en paix chez soi chacun s'en aille. 10. Toute faute entraîne après soi [elle] sa punition. 11. ... lorsqu'on peut faire par soi-même tout ce qu'on veut ; mais l'homme ne peut faire par lui-même quoi que ce soit. 12. Quiconque ne songe qu'à soi est un égoïste ; l'égoïste ramène tout à lui [soi] et n'a jamais en vue que lui-même.

234

1. Comme [Au moment où] nous allions atteindre la baleine, elle fonça [plongea] et disparut. 2. Est-ce que vous ne pouvez pas trouver [ne trouvez pas] la bêche ? Elle est sous le hangar. 3. Il ne neige jamais ici. 4. Je le vis [l'ai vu] venir. 5. Nous lui dîmes [avons dit] la vérité. 6. Quel médecin pouvez-vous nous recommander ? 7. Je vous envoie le livre dont je vous ai [avais] parlé. 8. Dites-lui ce qui vous est arrivé. 9. Cette poupée-là est à Marie ; ne la taquine pas ; rends-la-lui. 10. Prêtez-moi cinq francs ; je vous les rendrai après (le) déjeuner. 11. Pouvez-vous me recoudre un bouton ? 12. Il lui jeta une pierre. 13. Je me suis acheté une paire de gants. 14. Il nous faut de l'argent [un peu d'argent]. 15. Je suis sûr que vous serez content [satisfait]. Si vous ne l'êtes pas, nous vous rendrons [on vous rendra] l'argent. 16. Elle est très timide, bien qu'elle n'en ait pas l'air [ne le paraisse pas]. 17. Vous n'agissez pas comme vous le devriez. 18. Il est plus grand que je ne le pensais [croyais]. 19. Il me l'a dit. Je le pense. Je l'espère. Je le ferai. 20. Il a été [s'est montré] très aimable aujourd'hui, mais il ne l'est pas toujours. 21. Si vous n'avez pas de parapluie je peux vous en prêter un. 22. J'apprends que vous êtes à court de pommes de terre ; est-ce que je peux vous en envoyer

[voulez-vous que je vous en envoie] ? 23. J'ai cinq ans, et Marie
en a quatre. 24. Avez-vous vu Paris ? — Oui, nous en venons
[arrivons]. 25. J'ai des amis en France, mais je n'en ai pas à
Paris. 26. J'aime bien la Normandie ; j'espère y retourner l'année
prochaine. 27. J'ai quitté Paris en 1912, et n'y suis jamais retourné. 28. Je voudrais entrer dans un bureau, mais ma mère ne
veut pas y consentir. 29. Vous voici enfin ! 30. Il vous faut des
crayons ? En voici trois.

*235

1. Il tira une pomme de sa poche [Il prit une pomme dans sa
poche] pour la donner à l'enfant. 2. L'opinion publique est une
courtisane que nous cherchons à contenter [à laquelle nous essayons
de plaire] sans la respecter. 3. C'est elle qui me l'a dit. 4. Je vous
l'amènerai. 5. Je vous mènerai [conduirai] à lui. 6. Voici mes
amis ; permettez-moi de vous présenter à eux. 7. Permettez-moi
de vous les présenter. 8. Celui-là ne se fait pas d'amis qui ne s'est
jamais fait d'ennemis. 9. Il leur sera difficile de revenir aujourd'hui.
10. Je ne me sens pas le courage de recommencer. 11. Sa conduite
lui fera perdre l'estime de ses amis. 12. Vous pouvez être convaincu, mais moi je ne le suis pas. 13. Son frère est marin ; il veut
l'être [le devenir] aussi. 14. Vous n'êtes pas tenu de vous coucher
à dix heures à moins que vous ne le désiriez [à moins que cela ne
vous plaise]. 15. Je lui dirai de venir si vous le désirez. 16. Il dit
qu'il peut le faire [qu'il le peut]. — Il le peut en effet. 17. J'ai cru
inutile de vous avertir. 18. Je jugeai à propos de prendre congé
[de partir, de m'en aller]. 19. Le sort [destin] voulut qu'il la
rencontrât à Londres. 20. Je me rappelle avoir entendu dire qu'il
avait fait fortune. 21. Avez-vous lu ce livre ? On en parle beaucoup. 22. La plaisanterie tomba à faux [Ce fut une plaisanterie
malencontreuse], et catastrophiques en furent les conséquences.
23. Un crime en rend un autre nécessaire. 24. Avez-vous des fruits
cette année ? — Oui, nous en avons des quantités [des tas]. 25. Il
est riche aujourd'hui, mais il n'en est pas plus heureux. 26. Bien
que la ville soit petite, elle [ce] n'en est pas moins un centre com-
mercial important. 27. Je croyais aux fées autrefois, et je voudrais
bien y croire aujourd'hui. 28. Prenez une maison près de Londres
si vous voulez, mais vous n'y gagnerez pas beaucoup. 29. Nous
voilà partis ! 30. Eh bien ! vous avez souvent désiré voir New
York. Vous y voilà [voici] (maintenant).

*236

1. Bellac est amoureux d'elle . . . Et puis elle est amoureuse de lui. 2. Je n'ai rien à changer à ce que j'ai dit. Je maintiens mon opinion, ma décision. 3. Aujourd'hui on n'admire plus autant ce style, on change d'opinion. 4. Je suis émerveillé. 5. Il faut prendre pour arbitres, pour juges, ceux qui les ont vus. 6. Il en est de même de la Pingouinerie que des autres nations. 7. La sagesse divine a ordonné autrement. 8. Mes efforts ont été vains, n'ont pas abouti. 9. J'ai perdu l'argent que j'avais fourni à l'entreprise. 10. Qui blâmez-vous et quel but avez-vous en vue? 11. Nous sommes perdus, ruinés. 12. Il a rejeté la responsabilité sur ce pauvre Jules, qui ne savait que répondre. 13. Je suis épuisé. 14. J'apprends de belles choses sur votre compte.
15. Vous ne comprenez rien à la chose. 16. Que se passe-t-il? 17. Des années ont passé depuis que je l'ai vu. 18. Ah! je devine, j'ai deviné, c'était vous! — Mais non, vous êtes loin d'avoir deviné! 19. Vous savez que je ne suis aucunement responsable, que je n'ai pas du tout participé à l'affaire. 20. Je ne suis à la maison pour personne, je ne reçois pas. 21. Vous n'êtes pas assez adroit. 22. Je ne peux plus contenir ma colère, mon impatience.
23. Les régions incultes sont presque aussi étendues que les cultures. 24. Vous parlez comme si vous étiez un grand personnage. 25. Il a autant d'intelligence que n'importe qui. 26. Il ne faut pas essayer de me tromper. 27. Il a fini par se fâcher. 28. Nous avons failli mourir, périr par une catastrophe. 29. Vous êtes en tout son égal. 30. Enfin, vous êtes vainqueur. 31. Il avait une belle occasion de le faire. 32. Il passe son temps dans l'oisiveté.

*237

1. Que m'a fait à moi cet enfant que je ne connais pas? 2. Vous le désirez, vous, et moi je ne le désire pas. 3. Je savais bien, moi, que vous l'épouseriez! Moi, je savais bien que. . . . 4. Et vous, que vous a-t-on demandé? Que vous a-t-on demandé, à vous? 5. Moi je n'en savais rien. 6. Et eux, où vont-ils? 7. Ils ont tous tort [Ils se trompent tous] excepté moi. 8. Puissiez-vous ne jamais tomber entre les mains d'un homme tel que lui. 9. Il ne reste plus que moi. 10. Il a fait de son mieux. — Moi aussi. 11. J'étais [J'ai été] très content [satisfait]. — (Et) eux aussi. Et eux de même. 12. C'est à peine si je pouvais le croire. — Ni moi non plus. J'avais peine à le [à y] croire. — Moi aussi. 13. Avez-vous vu son secré-

taire ? — Non, je l'ai vu lui-même.   14. Moi et mes deux frères
(, nous) étions autrefois possesseurs d'un bateau.   15. C'est à lui-
même que je devais le dire.   16. Lui-même a raconté [Il a lui-même
raconté, Il a raconté lui-même] l'histoire de sa vie.   17. Il a de
l'argent à lui.

18. Elle a une trop haute opinion d'elle-même.   19. Connais-toi
toi-même.   20. Je n'ai pas besoin que maman m'aide ; je peux me
débarbouiller moi-même [tout seul] maintenant.   21. Je suis venu
de mon propre gré [de moi-même].

22. Pensez à lui.   23. Qui, le connaissant, se fierait à lui ?
24. Voilà [Telle est] l'idée qui m'est venue.

25. Nous trouvâmes quelques boîtes, mais il n'y avait rien
dedans.   26. Il courut vers un tas de pierres, et se cacha derrière.
27. Quand nous ramassâmes [soulevâmes] le livre, la lettre que
nous cherchions était [se trouva] dessous.

28. On pense trop à soi.   29. Il est facile [fam. C'est facile] d'être
[de se montrer] généreux quand on a de l'argent à soi.   30. L'aimant
attire le fer à soi.

Pronoms Indéfinis

238

1. Il est un de ceux qui....   2. Personne de nous....   3. Chacun
de nous....   4. Je doute qu'aucun de vous....   5. ...c'est quelqu'un des tiens.   6. Rien de ce que vous dites....   7. Plusieurs
d'entre vous....   8. Certains de mes amis....   9. Aucun de
vous....   10. Quelque chose est tombé....   11. Ce qui doit être
fait par plusieurs personnes n'est jamais bien fait par aucune.
12. Nul n'est prophète....   13. Chaque journée a son matin, et
chaque siècle sa jeunesse.   14. Tel donne à pleines mains qui
n'oblige personne.   15. Tel qui rit vendredi....   16. ...ce qu'on
donne.   17. Les sociétaires doivent dix francs chacun.   18. Il faut
aider quiconque a besoin d'aide.   19. Et l'on crevait les yeux à
quiconque passait.   20. Qui donc a bien pu vous dire cela ?   21. A
quelque chose malheur est bon.   22. En s'attaquant les uns les
autres [l'un l'autre] on ne fait rien de bon.   23. Le juge les mit tous
(les) deux à l'amende.   24. ...les uns en désordre...les autres en
bon ordre....   25. Aucune bonne action...quand on la fait comme
telle, et non parce que les autres [d'autres] la font.   26. Vous
savez mieux que personne....   27. N'importe qui vous dira....
28. Quiconque désobéit à une loi les attaque toutes.   29. Tout
vient à point....   30. ...quelles que soient les distances....

31. Je restai suspendu à quelque dix mètres.... 32. Quelques centaines de pèlerins.... 33. ... quelque séduisantes qu'elles soient. 34. ... le travail de tous contre le luxe et l'oisiveté de quelques-uns.

*239

1. Ils étaient pleins [remplis] de cette joie qui vous saisit lorsqu'on revient à un endroit où l'on a été heureux autrefois, et où tout vous a souri. 2. Voilà [Il y a] quelques années que je ne l'ai vu. 3. Il y a des années que je ne l'ai vu. 4. Pendant les quelques années [le peu d'années] qu'il passa dans ce pays il amassa quelque deux cent mille francs. 5. Donnez-moi n'importe quoi, je ne suis pas difficile. 6. N'importe quelle femme en ferait autant. 7. Venez n'importe quel jour ; j'y suis toujours [je suis toujours à la maison, chez moi]. 8. J'ai appris (encore) autre chose qui vous intéressera [qui va vous intéresser]. 9. Je n'ai pas fait grand'chose ce matin ; très peu de chose me fatigue depuis ma maladie. 10. Il a réussi dans une certaine mesure. 11. A un certain point de vue vous avez raison. 12. Elle lui pardonna mainte et mainte fois, mais bien des femmes auraient fait de même. 13. Rien que d'y penser, cela me donne la chair de poule. 14. Pour tout mobilier il avait un petit lit de fer et une chaise. 15. Il vient me voir tous les jours, ou tous les deux jours. 16. Nous l'avons tous entendu accepter. 17. Est-ce que tout le monde est arrivé ? 18. Parvenir jusqu'à la côte [atteindre la côte] et me cacher parmi les dunes jusqu'à ce qu'un vaisseau parût, telle était mon intention. 19. Il n'y a rien de tel qu'une tasse de thé quand on a vraiment soif. 20. Avez-vous jamais entendu la pareille ? 21. Il se cacha derrière un arbre, et je fis de même. 22. Je ne peux pas vous renseigner, car je suis étranger ici. 23. Elle devint catholique, et même catholique très dévote. 24. Ils se passèrent [se croisèrent] sans se voir. 25. Vous pouvez contredire quiconque répétera cette histoire. 26. Les rats mêmes [Même les rats] s'étaient enfuis de la maison. 27. Ils nous invitèrent même à déjeuner avec eux. 28. Pouvez-vous nous prêter un vieux bateau quelconque ? nous voulons aller à la pêche.

NOMBRES ET MESURES

240

1. Un billet de cinq livres. 2. Une douzaine de timbres à deux pence et demi. 3. Un petit yacht de quatorze tonneaux. 4. Deux

douzaines de mouchoirs de poche.   5. Un intervalle de plusieurs
milliers d'années.   6. Plusieurs centaines de gens.   7. Une quarantaine de mots désuets.   8. Jacques Premier et Jacques Deux.
9. Chapitre dix.   10. Il y a cent cinquante ans.
    11. L'assemblée dura cinq jours.   12. Le livre est catalogué à
quatre schellings net.   13. Avec une machine de trois chevaux-
vapeur et demi nous avions fait la traversée en moins de cinq
heures, et nous nous trouvions à moins d'un mille et demi de la
côte.   14. A quelque deux cents mètres à droite se trouvait un
pont.   15. On a dépensé des centaines de livres.   16. Quatre
millions de personnes moururent.   17. Un vaisseau de ligne de
deux millions de livres peut être désemparé par un aéroplane qui
en coûte six cent cinquante.   18. La peste emporta la moitié de
ses hommes.   19. Nous avons des vacances [Nous sommes en congé]
du premier août (jusqu') au quinze septembre.   20. Quel âge
a-t-elle ? — Elle peut avoir de quarante à cinquante ans.   21. J'ai
passé [Je suis resté] trois mois en France, et je vais en Hollande
pour six semaines.   22. Est-ce que le boucher vient aujourd'hui ?
— Non, c'est aujourd'hui mercredi, et il vient le jeudi.   23. La
maison fut bâtie en six semaines.   24. Je serai de retour dans six
semaines.   25. A Paris beaucoup de bureaux ferment de midi à
deux heures.   26. Le train du bateau part à huit heures trente
du soir, mais nous partirons à trois heures afin de passer quelques
heures à Dieppe.   27. Un court de tennis a soixante-dix-huit pieds
de long sur trente-six pieds de large.   28. Notre piscine a huit
pieds de profondeur à un bout et trois pieds à l'autre.

SYNTAXE D'ACCORD

ACCORD DE L'ADJECTIF

241

1. L'onde était transparente ainsi qu'aux plus beaux jours.   2. On
étudia beaucoup les langues grecque et latine aux seizième et dix-
septième siècles.   3. Des hommes dont la taille et l'air sinistre. . . .
4. Des robes de soie longues et traînantes.   5. Des robes de soie
légère.   6. . . . Il en a de très puissants.   7. Tous les malheurs sont
possibles.   8. . . . le moins d'hommes possible.   9. Nous dûmes
nous nourrir de chair ou de poisson crus.   10. L'intelligence et
le courage persévérant. . . .   11. La panthère et le léopard sont

égaux en férocité.   12. ... ceux qui avaient la jambe ou le bras
cassés.   13. Ils s'en sont tirés sains et saufs.   14. L'Église ... est
bon juge. ...   15. Qu'elle a l'air mignon(ne) !   16. Elles avaient
l'air fort embarrassées.   17. Elle a l'air douce et spirituelle.
18. ... vous avez l'air étonnée de me voir.   19. La préface n'a
pas l'air écrite pour la pièce.   20. Cette proposition n'a pas l'air
sérieux.

242

1. Il est deux heures et demie.   2. Feu ma mère était une sainte
femme.   3. C'est ma feue tante. ...   4. ... une grande demi-
heure.   5. Une tourterelle demi-morte. ...   6. Quatre demis. ...
7. Je n'aime pas les demi-mesures.

8. Deux hommes ivres-morts étaient couchés dans le fossé.
9. Il y eut un échange de paroles aigres-douces.   10. Les aveugles-
nés ont l'ouïe très fine.   11. ... roses fraîches-cueillies.   12. Les
nouvelles-venues. ...   13. Les nouveaux-mariés. ...

14. ... ils étaient bien seuls, tout seuls.   15. De toutes petites
vagues. ...   16. Colette trouva la chose toute simple ; elle était
tout étonnée de. ...   17. Toute peine mérite salaire.   18. Les
enfants étaient tout yeux et tout oreilles.   19. Une maison tout(e)
en feu.   20. Elle tomba tout émue. ...   21. ... une tout autre
idée du voyage.   22. Elle était toute haletante.   23. ... des sentiments tout autres.   24. J'habiterais toute autre maison. ...   25. Je
suis toute honteuse.

26. ... des manuscrits plein ses poches.   27. ... les criminels
sont pendus haut et court.   28. ... Haut les mains ! ... nous
tenions les mains hautes. ...

29. Le soir, nos pensées ne sont que gris brun, mais la nuit,
elles sont tout à fait noires.   30. Ses yeux à prunelle grise et iris
vert. ...   31. Une robe grise ... des rubans roses.   32. Une robe
gris perle ... des rubans rose tendre.

33. Il n'y a point de sot métier, il n'y a que de sottes gens.
34. Les vieilles gens sont d'ordinaire ainsi faits.

35. Heureux les gens qui. ...   36. Tous ces braves gens. ...
37. Toutes ces vieilles gens. ...   38. Vous êtes d'heureuses gens.

ACCORD DU VERBE

243

1. Bien d'autres ont été. ...   2. Je suis de ceux qui détestent la
violence, qui condamnent la force.   3. C'est toi qui es injuste.

4. C'est moi qui ai tort.　5. C'est vous, monsieur, qui êtes. . . .
6. C'est mon frère et moi qui l'avons vu les premiers.　7. C'est un
des amis qui l'ont rencontré hier qui lui a appris la nouvelle.

8. Toute la famille était là et s'amusait énormément.　9. Il
s'arrachait le peu de cheveux qui lui restaient sur la tête.　10. Une
bande de corbeaux luttait. . . .　11. Une quantité innombrable
d'objets ont été convertis en porte-réclames.

12. Une demi-douzaine de têtes se levèrent.　13. Là une foule de
voix innocentes parlent doucement à l'âme.　14. . . . une foule de
curieux très compacte.　15. La quantité de harengs qui s'emmaillent
ainsi dépasse parfois les espérances qu'ont pu former les pêcheurs.
16. Une quarantaine d'enfants les suivaient au pas de marche.

17. La plupart des hommes sont plus capables. . . .　18. Combien
ont disparu. . . .　19. Peu d'entre eux ont voyagé.

20. Ce sont toujours les négligences qui causent les sinistres.
21. C'est nous qui sommes les vraies puissances.　22. . . . c'étaient
des histoires interminables.　23. C'était les autres soirs qu'il fallait
être gentils.　24. . . . c'étaient des pingouins que réunissait le
printemps.

25. Il est venu des temps froids.　26. Il est arrivé de bonnes
nouvelles.

27. . . . ma sœur et moi étions toujours à courir. . . .　28. Jean
ainsi que son frère se trouvaient au bal.　29. La vertu, ainsi que les
fleurs, répand un doux parfum autour d'elle.　30. . . . tout se mêle
et s'efface.

*244

1. Même moi, qui suis ici depuis une date [une époque] antérieure
à votre naissance [qui étais déjà ici avant que vous (ne) soyez né],
n'ai jamais entendu parler de ce revenant.　2. Le cabinet se réunit
aussitôt après, et décida de ne pas démissionner.　3. Plus de la
moitié des sujets du Roi sont des Indous.　4. Mon frère ou moi
viendrons.　5. Ni Jean ni Jacques ne peut [peuvent] venir.　6. L'un
ou l'autre d'entre eux viendra.　7. Ni l'un ni l'autre ne viendra
[viendront].　8. Moi qui suis votre ami (, je) puis parler ainsi.
9. Ni lui ni moi n'en savions rien.　10. Il est arrivé un accident.
Les deux enfants sont tombés dans l'étang, mais ni l'un ni l'autre
n'est [ne s'est] noyé [mais ni l'un ni l'autre ne (se) sont noyés].
11. Il est arrivé plusieurs accidents.　12. Quelques-uns des visiteurs
étaient Anglais, mais la majorité [la plupart] étaient (des) Allemands.
13. Voyez ce que la mécanique a accompli dans ce vaisseau [navire]
gigantesque !　14. Trois fois cinq font quinze.　15. Laissez-moi

vous dire ce que les États-Unis ont contribué aux civilisations de l'Ancien Monde. 16. La famille prenait [buvait] le thé sur la pelouse. 17. Je ne sais pas ce qu'est devenu mon parapluie ; quelqu'un l'aura pris [a dû le prendre] pour le sien. 18. Nul autre que vous n'y aurait pensé.

ACCORD DU PARTICIPE PASSÉ

245

1. Cette date une fois passée.... 2. Passé cette date.... 3. Nous avons été persécutés, nous avons beaucoup souffert. 4. Par quel train sont-ils revenus ? 5. Nous y avons été tout seuls. 6. Les livres qu'elle a lus l'ont interéssée. 7. J'avais bien étudié ma leçon, et je l'ai bien récitée. 8. Cette campagne est la plus belle que Napoléon ait faite. 9. Vos offres, nous les avons étudiées, et nous y avons beaucoup réfléchi. 10. L'homme a vaincu la mort, puisqu'il a inventé l'écriture. 11. Est-ce une contrariété que vous avez eue ? 12. ... en raison des torts qu'on a eus envers eux. 13. Je ferai votre volonté comme je l'ai toujours faite. 14. Mes lettres, les as-tu portées à la poste ? 15. ... des blessures qu'il a reçues que de celles qu'il peut avoir faites.

16. Combien en a-t-on vu(s)[1] Qui du matin au soir sont pauvres devenus ! 17. Tous ces plats épicés dont elle a mangé ne lui ont rien valu. 18. Il y avait des années que nous ne nous étions vus ni parlé.

[1] Ici ' vus ' est de rigueur, pour rimer avec ' devenus.'

246

1. ... je ne les avais ni vus ni entendus approcher. 2. J'ai vu entrer plus de personnes que je n'en ai vu sortir. 3. Vos amis se sont laissé tromper. 4. Pourquoi les avez-vous laissés sortir ? 5. Elle me demanda si je l'avais entendue crier. 6. ... des faits que j'ai entendu raconter. 7. Voilà une maison qu'étant enfant j'ai vu construire.

8. ... tu les as fait passer en moi. 9. Madame, j'ai dit à ces demoiselles que vous seriez bientôt descendue, je les ai fait entrer et les ai priées d'attendre. 10. Où sont les lettres que je vous ai fait remettre ?

11. L'auteur avait mis dans sa pièce plus de beautés théâtrales que nous n'avions pensé. 12. Elle avait rendu cette retraite poétique

autant qu'elle l'avait pu.   13. Il fut conduit aux cachots qu'il
avait demandé à voir.   14. J'ai souvent trouvé la nature plus
belle que je ne l'avais prévu.   15. Les cruautés que j'avais eu
à souffrir....   16. On leur a accordé toutes les faveurs qu'ils ont
voulu.   17. Il veut fortement les choses qu'il a une fois voulues.
18. Que de regrets tu t'es préparés !

19. ... les honneurs que sa découverte lui a valus.   20. Les
cent francs que votre montre a valu....

247

1. Il est tombé de l'eau....   2. Cette vie dont il est venu à la
mode de médire, je l'ai trouvée bonne.   3. Il est venu plusieurs
personnes pendant que madame était sortie.   4. Il s'est glissé
plusieurs erreurs....

5. Les Anglais se sont enrichis....   6. Les Hollandais s'étaient
faits....   7. ... ceux qu'il s'est donnés lui-même.   8. Les peuples
se sont donné des chefs....   9. Les quatre coups de fusil s'étaient
succédé....   10. Les oiseaux se sont enfuis....   11. Dire la joie
qui s'est emparée de tous....   12. Ils s'étaient juré ...   13. ... la
caverne où elles s'étaient réfugiées.   14. Elle s'était fait....
15. Après s'être habillée à la hâte, elle s'était enveloppée d'une
fourrure, était sortie sans bruit, et s'était glissée....   16. Les
voleurs s'étaient emparés des clefs.   17. Les hirondelles se sont
envolées.   18. Ils se sont battus... :   19. L'institutrice s'était
plainte....   20. Ma bibliothèque s'est très bien vendue.

*248

1. ... les bras chargés des prix que j'avais remportés et les
épaules chargées des couronnes que l'on m'avait données, et qui ...
avaient laissé passer ma tête.   2. Que vous ont servi tous nos
conseils ?   3. Il devait son échec au peu d'instruction qu'il avait
reçu....   4. Il dut son avancement au peu d'instruction qu'il
avait reçue....   5. ... quelque chose que vous lui avez dit.   6. Que
d'éloges lui aurait valus une pareille conduite !   7. Tous les bruits
... se sont tus....   8. Les meilleurs philosophes se sont plu à
célébrer....   9. ... que je ne l'avais imaginé.   10. Elle se montra
plus instruite que je ne l'avais imaginée.   11. Tous les régimes qui
se sont succédé ... se sont honorés du jour qui les a vus naître.
12. ... Je n'en ai jamais eu.   13. ... j'en ai tant vu, des rois !
14. Ils se sont rendu compte....   15. ... les chaleurs qu'il a

fait.   16. Que de sueur et de sang les conquérants ont répandu(s).
17. Je vous ai envoyé ma lettre dès que je l'ai eue écrite.   18. Ils
s'étaient procuré des outils ou en avaient fabriqué.   19. Pendant les
derniers mois que j'avais vécu(s). . . .   20. . . . la grande nouvelle
qu'on nous a tue si longtemps !

RÉVISION GÉNÉRALE

249

LA MÉLANCOLIE

Quand il pleut . . ., que je vois . . ., et que j'entends : § 398.3.

Tout dégouttants : §§ 418 ; 113.2.

J'entends les murmures . . . qui se mêlent : § 93.

Un doux et profond sommeil : § 349.

Qui faisait dresser son lit : § 92.2.

Afin d'entendre . . . et de s'endormir : § 405.

Entendre frémir les gouttes : § 93.

Je ne sais : § 274.1 (a).

Peuvent rapporter : § 94.1.

Pour moi, je trouve : § 323.2.

Ce sont les affections : § 432.

Cela vient de ce qu'elle satisfait : § 393.

Les deux puissances dont nous sommes formés : § 207.

Celui de notre existence : § 193 (b).

Si je suis triste, et que je ne veuille pas : § 399.

Je goûte du plaisir à me laisser : § 99.4.

Me laisser aller : § 93.

La mélancolie que m'inspire le mauvais temps : §§ 205 ; 343.5 (a).

Une tendre amie : § 349.

Sous quelque aspect qu'elle se montre : § 383.

Il me semble voir : § 98.

Voir une femme qui pleure : § 93.   Note (a).

Elle me paraît d'autant plus belle qu'elle me semble plus affligée :
§ 158.4.

250

La Révolution Française

Ce qu'il y a de plus frappant : § 171.6.
Cette force entraînante : § 113.2.
Tout ce que : § 210. *Note (a)*.
A su lui imposer : § 94.1.
Personne n'a contrarié : § 245.1 (*b*).
La pureté des motifs a pu illustrer : § 94.1.
C'est tout : § 196.3.
Cette force jalouse, marchant . . . à son but : § 113.1.
On a remarqué : § 241.
Avec grande raison : § 152. *Note*.
Plus que les hommes ne la mènent : § 277.6.
Observation . . . de la plus grande justesse : § 163.
Quoiqu'on puisse l'appliquer : § 389.
Plus frappante : § 113.2.
Les scélérats mêmes : § 250.2.
Qui paraissent conduire : § 96. (Enter this as an example
to an additional subdivision (*c*) : the verbs ' paraître ' and
' sembler.')
N'y entrent que comme de simples instruments : §§ 271 ;
171.1.
La prétention de la dominer : § 107 (*c*).
Ceux qui ont établi : § 193 (*a*).
L'ont fait : § 223.1.
Sans le vouloir : § 105.
Sans savoir ce qu'ils faisaient : § 203.3.
Ils y ont été conduits : § 229 (*b*).
Conduits par les événements : § 67.2.
Ne pensèrent à établir : § 99.1.
Rien de pareil : § 171.6.
Le plus affreux despotisme dont l'histoire fasse mention : §§ 159 ;
207 ; 382.
Les hommes les plus étonnés : § 160.
Au moment même où : § 209.
Eurent comblé la mesure : §§ 81.2 ; 395.2.
Qui faisait trembler la France : § 92.2.
Il ne devait y avoir rien : § 94.2.
Rien de grand : § 171.6.
Voulut que le premier coup fût porté : §§ 373 ; 395.5.
Afin que la justice même fût infâme : § 385.

Les adverbes 'invariablement,' 'ignoblement,' 'insensible-ment,' sont en position normale après le verbe (§ 333.1).

'Impunément' est mis en valeur à la fin de la phrase (§ 334).

'Jamais' est mis en valeur en position initiale (§ 334 ; cp. § 170.11).

'Sûrement,' qui qualifie la proposition entière (§ 337), est mis en valeur en position initiale.

Autres positions possibles :

Personne n'a impunément contrarié sa marche.

Robespierre, Collot . . . ne pensèrent jamais à établir . . .

Ils y furent insensiblement conduits.

Ils étaient sûrement les hommes du royaume . . .

Ils étaient les hommes du royaume sûrement les plus étonnés . . .

251

De la Philosophie

Peut se livrer à une curiosité . . . qui affaiblisse : § 381.

Les notions . . . du devoir : 167.2.

Trop de confiance : 171.5.

Qui en doivent être le fondement : §§ 224 (*a*) ; 94.2 ; 332.3.

Les idées du bien et du mal : 167.2.

En certains pays : 244.2.

Tout cela : § 189.

Qui l'ignore : § 223.

On répugnerait à l'avouer : § 99.1.

Ces écarts renferment eux-mêmes de graves . . . enseignements : §§ 236. 1 ; 171.1.

C'est déjà beaucoup : 196.3.

Comment l'esprit . . . ne se serait-il pas quelquefois égaré ? § 340.3 (*b*).

Qui condamnerait . . . tomberait : § 84.2 (*c*).

Tout progrès : 247.1 (*a*).

Pour réduire l'homme : 106.1.

Machine croyante et obéissante : 113.2.

Encore la croyance implique-t-elle la pensée : § 344.1.

Lois connues de celui qui obéit . . . de celui qui commande § 67.3 (*a*).

Si peu qu'on descende : § 383.

L'on entre : § 241.

Empire où domine seul l'irrésistible instinct : § 343.5 (*a*).
Monde sans soleil : § 170.10.

L'adjectif a une valeur distinctive, et suit nécessairement le substantif, dans les groupes suivants :
curiosité excessive, notions pratiques, voies dangereuses, vérités traditionnelles, vues incertaines, opinions passagères, lois immuables, rapports naturels, êtres sociaux, routes nouvelles, manière absolue, raison humaine, machine croyante et obéissante, volonté éclairée et libre.

L'adjectif est une épithète de nature, et doit nécessairement précéder le substantif, dans :
tristes déviations, irrésistible instinct, vague crépuscule.

L'adjectif est intensif, et doit précéder le substantif, dans :
pures spéculations, pure machine.

L'adjectif est employé en position affective dans les groupes suivants :
de graves et salutaires enseignements, une étrange erreur, muet empire de la brute, fugitives ombres.
L'on pourrait dire également :
des enseignements graves et salutaires, une erreur étrange, ombres fugitives.   Dans ' muet empire de la brute,' il est préférable de ne pas intercaler l'adjectif entre le substantif et son complément.

252

Il est dur que : §§ 71.3 ; 217 (*b*).
Une fin certaine : § 357.
Il est dur que la nature . . . doive : §§ 379 ; 94.2.
S'y traîner : § 229 (*c*).
En portant une croix : §§ 113.3 ; 410.1.
Et qu'il faille . . . mourir : § 98.
Peut s'appeler . . . cette nécessité : § 70.3 (*c*).
Changer de misère : § 121.
Jour et nuit : § 170.3.
Tout prendre : § 333.3.
Notre temps se passe : § 70.3 (*c*).
Ne sont-ce pas des morts . . . que tant de changements : § 326 (*b*) ;
432.

Fatigués d'espérer : '§ 107 (d).
Prêts à se transfigurer : § 101.1.
Quel tombeau que le cœur ! § 326. *Note (b)*.
Comment la passion devient-elle habitude ? § 340.3 (b).
Comment se fait-il que... l'homme puisse : §§ 379 ; 71.3.
Qui l'y convie : § 229 (b).
Désir, crainte, colère, inquiétude, ennui, Tout passe : §§ 170.3 ;
437.
Fait de telle sorte qu'il faut : § 385.
Qu'une ruine en sorte : § 224 (d).
Que la mort soit son terme, il ne l'ignore pas : § 377.
Qu'est-ce donc qu'oublier : § 201. *Note 3*.
Si ce n'est pas mourir : § 275.
Survivre à soi-même : § 240.
Il ne reste de nous qu'un cadavre vivant : §§ 71.4 ; 271 ; 113.2.

253

1. Je me dis parfois que si Adam et Ève n'avaient été que fiancés, elle n'aurait pas causé avec le serpent, ce qui aurait épargné au monde une infinité de misères.

2. L'amitié est comme une dette d'honneur ; dès qu'on en parle elle perd son vrai nom et prend la forme plus ingrate d'une obligation.

3. La probité est respectée [L'honnête homme est respecté] de tous les partis.

4. Tous les hommes possèdent — ou pour mieux dire sont possédés par — une âme.

5. Celui que l'on flatte beaucoup apprend bientôt à se flatter lui-même.

6. Les hommes sont comme les (petits) enfants — ils se lassent de leurs jouets.

7. La santé et la gaieté s'engendrent l'une l'autre.

8. Quand on commence à se retourner dans son lit, il est temps [il est l'heure] de se lever.

9. Il n'est pas vrai que l'amour rende tout [toutes choses] facile [faciles] ; il nous fait choisir ce qui est difficile.

10. Les hommes n'aiment pas [ne sont pas épris de] la vérité, mais ils peuvent [sont libres de] la dire si cela leur plaît. Les femmes sont naturellement bonnes [sont bonnes par nature], et elles adorent la vérité, mais il ne leur est jamais permis de la dire.

11. Ne soyez pas simplement bon ; soyez bon à quelque chose.

12. Celui qui fait dépendre sa conduite de l'opinion n'est jamais sûr de lui-même.

13. Le plaisir nous fait oublier que nous existons ; l'ennui nous le fait sentir.

14. Lorsque le médecin fait rire le malade, c'est le meilleur signe du monde.

15. Pour faire pleurer les autres il faut pleurer [il faut que vous pleuriez] (vous-même), mais pour les faire rire il faut rester sérieux.

16. Quand [Lorsque] l'expérience fait défaut, l'intelligence nous fait souvent commettre de grandes folies.

17. Nous sommes pour la plupart comme le cochet de Mme Poyser, qui s'imaginait que le soleil se levait tous les matins pour l'entendre chanter.   C'est la vanité qui fait marcher le monde.

18. Presque toujours on peut rendre les gens ridicules en les prenant au mot.

19. Nous entendons tomber la pluie, mais pas [non] la neige. Une douleur amère fait du bruit, une douleur calme se tait.

20. Il y a des gens que nous haïssons [détestons] parce que nous ne les connaissons pas ; et nous ne voulons pas les connaître parce que nous les haïssons [détestons].

254

1. Celui-là peut faire ce qu'il veut, qui ne veut que ce qu'il peut.

2. Il n'y a rien de si incommode [gênant] en ce monde qu'une personne absolument véridique [sincère], qui sait lire et écrire, et qui a le courage de ses convictions.

3. Pour exécuter [accomplir] de grandes choses il faut vivre comme si (l')on ne devait jamais mourir.

4. Il y a deux sortes de liberté : la fausse, où un homme est libre de faire ce qui lui plaît ; la vraie, où il est libre de faire ce qu'il doit.

5. La libéralité consiste moins à donner beaucoup qu'à donner à propos.

6. Soyez lent à choisir un ami, plus lent encore à en changer.

7. L'homme est injuste, mais Dieu est juste, et la justice finit par triompher.

8. Si nous pouvions lire l'histoire secrète de nos ennemis, nous trouverions dans la vie de chacun d'eux assez de chagrin(s) et de souffrance pour désarmer toute hostilité.

9. Pour nous consoler de nos innombrables misères, la Nature nous a faits frivoles.

10. La patience est l'art d'espérer.

11. L'ambition de dominer les esprits est la plus forte de toutes les passions.

12. S'il est contraire à la morale d'agir contre sa conscience, il ne l'est pas moins de se faire une conscience d'après des principes faux et arbitraires.

13. Le meilleur moyen de tenir sa parole (, c')est de ne jamais la donner.

14. Il faut être aveugle quand il est opportun [quand il sied] de ne pas voir, et sourd quand il est nécessaire de ne pas entendre.

15. Le premier devoir d'une femme, c'est d'être jolie.

16. Qu'arrive-t-il lorsqu'on demande à deux chiens de partager un biscuit ? Dame ! si l'un ou l'autre de ces chiens est chef [père] de famille, il y aura bientôt [prochainement] des orphelins.

17. L'exagération, en voulant agrandir les petites choses, les fait paraître plus petites encore.

18. Les tyrans ont opprimé la pensée humaine en l'empêchant de se manifester ; ils ne l'ont jamais gouvernée.

19. L'homme est né pour deux choses : penser et agir.

20. En réparant une pompe le travailleur réfléchi est en rapport [en communion] avec la Nature.

255

1. On avoue rarement pour amis ceux qui sont tombés dans la disgrâce ; la mémoire est ingrate envers le malheur.

2. Il ne faut choisir pour épouse que la femme qu'on choisirait pour ami, si elle était homme.

3. Le nombre des maladies qui affligent le genre humain est si énorme [grand] que nous manquons de termes pour les exprimer.

4. On obéit à l'étiquette avant d'obéir à la loi [aux lois].

5. La société est bien gouvernée lorsque le peuple obéit aux magistrats, et que les magistrats obéissent aux lois.

6. Pensez aux maux dont vous êtes exempt.

7. Les troupes ne manqueraient jamais de courage, si seulement elles savaient à quel point leurs ennemis [l'ennemi] en manque[nt].

8. La tolérance est aussi nécessaire en politique qu'en religion ; c'est l'orgueil seul qui est intolérant.

9. Il est plus facile d'être vertueux que de le paraître, et cela nous profite davantage [et on en retire plus de profit].

10. Il n'y a rien de plus beau que de dire franchement : " J'ai tort."

11. Il est plus facile de tromper que de détromper.

12. Le plus souvent ce qui commence mal finit encore pis.

13. Moins on pense plus on parle.

14. Plus on a de loisir, plus on en désire.

15. Plus on vieillit plus on apprécie le silence.   A mesure qu'on vieillit on apprécie le silence davantage.

16. Le meilleur des gouvernements n'est pas celui qui fait les hommes les plus heureux, mais celui qui fait le plus grand nombre d'heureux.

17. Les blessures secrètes sont les plus profondes.

18. J'aime toujours à rencontrer un homme qui pense qu'il vient du meilleur village du plus beau comté du plus grand pays du monde.

19. Nous sommes une nation singulière, et une de nos singularités c'est que nous dédaignons d'apprendre la langue de nos plus proches voisins.

20. Les péchés que nous avouons le plus facilement, ce sont ceux que nous n'avons pas commis.

256

1. La grammaire est la logique du langage, de même que la logique est la grammaire de la raison.

2. L'ignorance est moins éloignée de la vérité que le préjugé.

3. Le travail éloigne de nous trois grands maux : l'ennui, le vice et le besoin.

4. La France est un vaisseau dont l'Europe est le port, et qui a des ancres dans toutes les mers.

5. Dans les moments d'épreuve, seuls les caractères élevés ne sont pas à la merci [ne sont pas le jouet] de leurs instincts.

6. La mort est un sommeil sans rêves.

7. Si le labeur est un bienfait [un bien], jamais bienfait [bien] ne fut plus effectivement déguisé.

8. Il y a de l'or et de la boue [de l'argile], du soleil [des rayons de soleil] et de la sauvagerie [de la férocité] dans toute histoire d'amour.

9. La France est accoutumée à faire de grandes choses, même sans le savoir.

10. Les enfants ont plus besoin de modèles que de critiques.

11. Dans les affaires, on n'a point d'amis, on n'a que des correspondants.

12. Il n'y a point de contradictions dans la nature.

13. La vie est semée de tant d'écueils, et peut être la source de tant de maux, que la mort n'est pas le plus grand de tous.

14. La prospérité (se) fait peu d'amis.

15. Il n'est pas de chagrin auquel j'aie plus longuement réfléchi qu'à celui-là : aimer ce qui est grand [aimer le sublime], essayer [s'efforcer] d'y atteindre, et (malgré tout) échouer.

16. La différence entre le riche et le pauvre, la voici : celui-là mange quand il veut, celui-ci quand il peut.

17. Les maisons d'arrêt et les prisons d'État sont le complément des écoles ; moins vous avez [moins on a] de celles-ci, plus il vous faut [plus il (nous) faut] de celles-là.

18. La beauté est un agrément [don] extérieur qui est rarement méprisé, sinon par ceux à qui il a été refusé.

19. L'art de la guerre est celui de détruire les hommes, comme la politique est celui de les tromper.

20. Le journalisme (, c')est l'art de voiler son ignorance afin d'ajouter à celle des autres [d'autrui].

257

1. Celui qui méprise la renommée renoncera bientôt aux vertus qui la méritent [qui en sont dignes].

2. Tenez pour certain que celui-là est un honnête homme dont tous les amis intimes sont d'honnêtes gens.

3. Celui-là se fait du bien à lui-même, qui fait du bien à son ami. Celui qui fait du bien à son ami se fait du bien à lui-même.

4. La pire douleur, c'est l'incertitude.

5. Perdre ses illusions, c'est perdre le monde.

6. Plusieurs ont dit : " Que ne sais-je pas ? " Montaigne disait : " Que sais-je ? "

7. Il me semble toujours que les fleurs nous voient, et savent à quoi nous pensons.

8. Le trop grand empressement qu'on [que l'on] a de s'acquitter d'une obligation est une espèce d'ingratitude.

9. L'enthousiasme est une fleur de la jeunesse, dont le désenchantement est le fruit.

10. L'amitié est la seule chose de ce monde [au monde] sur l'utilité de laquelle tout le genre humain [toute l'humanité] est d'accord.

11. Il est [Il y a] des auteurs dans la main desquels la plume devient une baguette magique ; mais ils sont rares.

12. Le plaisir cesse là où commence l'indolence.

13. Celui qui fait ce qui lui plaît est rarement content de ce qu'il fait.

14. Ce qui rend les gens mécontents de leur condition, c'est l'idée chimérique qu'ils se font du bonheur des autres [d'autrui].

15. Celui-là ne se fait pas d'ami(s) qui ne s'est jamais fait un ennemi.

16. Peu de gens [personnes] ont assez de courage pour se montrer [paraître] aussi bons [bonnes] qu'ils [qu'elles] le sont réellement.

17. Ceux qui sont incapables de commettre de grands crimes n'en soupçonnent pas facilement les autres.

18. Une faute en engendre une autre ; un crime en rend un autre nécessaire. [*Or* : Chaque faute . . . chaque crime . . .].

19. Le sot a un grand avantage sur l'homme l'esprit : il est toujours content de lui-même.

20. N'importe quelle femme aidera n'importe qui à s'échapper de n'importe où. [*Or the meaning of the English may be :* . . . à échapper à n'importe quoi.]

258

1. Les émotions (vous) usent plus que le travail.

2. Quand tout le monde est quelqu'un, personne n'est (plus) personne.

3. L'ami de tout le monde n'est l'ami de personne.

4. Toute généralisation est dangereuse, même celle-ci.

5. Nul de nous n'a vécu sans connaître les larmes.

6. La présence d'une jeune fille est comme la présence d'une fleur ; l'une communique son parfum à tous ceux qui l'approchent ; l'autre communique sa grâce à tous ceux qui l'entourent.

7. L'astuce est l'art de dissimuler nos propres défauts et de découvrir les faiblesses d'autrui.

8. Celui qui t'entretient [vous entretient] des défauts d'autrui entretient les autres des tiens [des vôtres].

9. Si tous les hommes savaient ce qu'ils disent les uns des autres, il n'y aurait pas quatre amis dans le monde.

10. Quiconque n'a pas la liberté de refuser son service [ses services], est un esclave.

11. Le demi-savoir [La demi-science] est pire que l'ignorance.

12. Il faut [L'on doit] vivre, non avec les vivants, mais avec les morts, c'est-à-dire avec les livres.

13. Gravez votre nom dans les cœurs, et non dans le marbre.

14. Ce qu'on appelle libéralité n'est souvent rien de plus que la vanité de donner.

15. Nous avons tous nos chagrins, mais je ne crois guère à l'existence de chagrins qui ne se cicatrisent jamais.

16. Celui qui ne pratique la vertu que dans l'espérance [l'espoir] d'acquérir une grande renommée est bien près du vice.

17. Les grands hommes de la terre ne sont que les bornes sur la route de l'humanité.

18. Les consolations indiscrètes ne font qu'aigrir les violentes [grandes] afflictions.

19. En donnant, l'on reçoit plus que l'on ne donne.

20. Ne promettez jamais plus que vous ne pouvez tenir.

259

1. On n'est jamais si heureux ni si malheureux qu'on s'imagine [qu'on se l'imagine].

2. L'ignorance est la nuit de l'esprit, mais (c'est) une nuit sans lune ni étoiles.

3. Lorsqu'une jeune fille qui n'est pas le moins du monde confuse ni embarrassée essaye [essaie] de le paraître, elle paraît tout simplement stupide [elle a tout simplement l'air d'une sotte].

4. Tout luxe corrompt ou les mœurs ou le goût.

5. Mange à ton gré, mais habille-toi au gré des autres.

6. Les crimes nous choquent quelquefois trop ; les vices presque toujours trop peu.

7. Il faut avoir étudié les enfants pour les bien élever.

8. La plus grande offense contre la vertu [qu'on puisse faire à la vertu], c'est d'en mal parler [d'en dire du mal].

9. L'anarchie ramène toujours au pouvoir absolu.

10. La face de la Nature serait-elle aussi sereine et aussi belle si la destinée de l'homme ne l'était également ?

11. La charité est l'océan où commencent et aboutissent toutes les autres vertus.

12. La vérité générale et abstraite est le plus précieux de tous les biens ; sans elle, l'homme est aveugle, elle est l'œil de la raison.

13. Combien il est plus facile d'être généreux que d'être juste !

14. Que la victoire est belle, mais qu'elle coûte cher !

15. Quelle belle flambée [Quel bel incendie] cela ferait si tous ceux qui ne savent pas mettre du feu dans leurs ouvrages voulaient seulement consentir à mettre leurs ouvrages au feu !

16. Sois certain que celui qui t'a trahi une fois te trahira de nouveau [encore].

17. La vraie politesse consiste simplement à traiter les autres comme vous aimez qu'on vous traite vous-même [comme on aime à être traité soi-même].

18. Nous nous donnons plus de mal pour persuader aux autres que nous sommes heureux, que pour nous efforcer de le croire nous-mêmes.

19. Si tu n'as jamais été un sot, sois sûr [assuré] que tu ne seras jamais un sage.

20. Il y a peu de plaisir en ce monde qui soit véritable et sincère, hormis [à part] le plaisir de faire son devoir et de faire le bien.   Je suis sûr qu'aucun autre n'est comparable à celui-là [qu'il n'y en a pas d'autre qui soit comparable à celui-là].

260

1. L'on n'a guère vu jusqu'à présent un chef-d'œuvre de l'esprit qui soit l'ouvrage de plusieurs.

2. L'espoir est le meilleur médecin que je connaisse.

3. Il y a peu de choses que nous sachions bien.

4. Si mauvais que puisse être un gouvernement, il est rarement pire que l'anarchie.

5. Quelque pauvre que l'on puisse être, l'on a toujours auprès de soi quelqu'un de plus pauvre encore.

6. Si bien qu'on [que l'on] parle, quand on parle trop, on finit toujours par dire une bêtise.

7. Il n'y a pas de personnes qui aient si souvent tort [qui soient si souvent dans l'erreur, qui se trompent si souvent] que les personnes de bon sens.

8. Je n'ai jamais eu de chagrin qu'une heure de lecture n'ait dissipé.

9. Il n'y a jamais eu de grande vérité qui ne fût révérée.

10. Mariez vos filles de bonne heure, de crainte qu'elles ne se marient d'elles-mêmes.

11. Il faut qu'une moitié du monde sue et ahane, afin que l'autre moitié puisse rêver.

12. Agissons de telle manière [sorte] que les morts ne soient pas morts en vain, et que les vivants [survivants] n'aient pas lutté en vain.

13. Les livres sont des hommes qui vous [nous] parlent sans que vous ayez [que nous ayons] le privilège de répondre.

14. Le confident de mes vices est mon maître, fût-il [serait-il, quand il serait] mon valet.

15. Nous serons jugés, non d'après ce que nous aurions pu être, mais d'après ce que nous aurons été.

16. J'ai rencontré une fois un homme qui avait pardonné un tort qui lui avait été fait [qu'on lui avait fait]. J'espère rencontrer un jour celui qui aura pardonné une injure.

17. C'est parmi les ruines du Capitole que j'ai d'abord [pour la première fois] conçu l'idée d'un ouvrage [travail] qui a distrait et occupé près de vingt ans de ma vie.

18. Lorsqu'un homme a tort et qu'il ne veut par en convenir, il ne manque jamais de se fâcher [il se met toujours en colère].

19. La voix qui dit à tous les hommes : " Ne fais point ce que tu ne voudrais pas qu'on te fît," se fera toujours entendre [sera toujours entendue] d'un bout de l'univers à l'autre.

20. Voulez-vous qu'on dise du bien de vous ? n'en dites jamais de vous-même.

21. Après une longue expérience du monde, j'affirme, devant Dieu, n'avoir jamais connu un coquin qui ne fût malheureux.

22. L'habitude est une maîtresse bien trop arbitraire pour que je m'y soumette.

23. Il faut rire avant d'être heureux, de peur de mourir sans avoir ri.

24. Si nous ne pouvons (pas) vivre de manière à être heureux, vivons du moins de manière à mériter le bonheur.

25. Personne ne hait [ne déteste] la médiocrité, parce que chacun sent avec quelle facilité il peut lui-même y atteindre [y atteindre lui-même].

26. Tous ceux d'entre nous [Tous, tant que nous sommes,] qui valons quelque chose, employons notre âge mûr [âge d'homme] à désapprendre les folies où à expier les erreurs de notre jeunesse.

27. Ce sont les livres qui nous donnent nos plus grands plaisirs, et les hommes qui nous causent nos plus grandes douleurs.

28. Ce ne sont pas les nations, ni les armées, qui ont fait progresser l'espèce humaine ; mais çà et là, au cours des âges, un individu s'est dressé et a projeté son ombre sur le monde.

29. Ce n'est pas aux gens qui ont le plus fait pour nous que nous sommes le plus reconnaissants [que nous savons le plus de gré], mais à ceux qui ont éveillé [vivifié] notre imagination, qui nous ont réchauffé le cœur, qui sont venus (à mi-chemin) au devant de nous sur la voie de quelque rêve secret et peut-être fantastique. *Or :* Les gens auxquels [à qui] nous sommes le plus reconnaissants, ce

ne sont pas ceux qui ont le plus fait pour nous, mais bien plutôt ceux qui. . . .

30. Exercez vos talents, distinguez-vous, et ne songez pas à vous retirer du monde avant que le monde soit fâché d'apprendre que vous vous en retirez [soit fâché que vous vous en retiriez]. Je déteste un individu que l'orgueil, ou la lâcheté, ou la paresse poussent dans un coin, et qui, lorsqu'il s'y trouve, ne fait que grogner [gronder]. Qu'il en sorte, comme moi, et (qu'il) aboie [pour aboyer].